MARION GODAU

PRODUKTDESIGN
Eine Einführung mit Beispielen aus der Praxis

Edition form
Birkhäuser – Verlag für Architektur
Basel · Boston · Berlin

02

Idee: Marion Godau, Wolfgang Reul
Konzeption und Projektleitung: Marion Godau
Herausgeber: Designfreunde & Co
Redaktion und Lektorat: Michael Deekeling
Gestaltung und Satz: Oliver Standke, seefood productions, Berlin

Bibliografische Information der Deutschen Bibliothek
Die Deutsche Bibliothek verzeichnet diese Publikation in der Deutschen Nationalbibliografie;
detaillierte bibliografische Daten sind im Internet über http://dnb.ddb.de abrufbar.

Dieses Werk ist urheberrechtlich geschützt. Die dadurch begründeten Rechte, insbesondere die der Übersetzung, des Nachdrucks, des Vortrags, der Entnahme von Abbildungen und Tabellen, der Funksendung, der Mikroverfilmung oder der Vervielfältigung auf anderen Wegen und der Speicherung in Datenverarbeitungsanlagen, bleiben, auch bei nur auszugsweiser Verwertung, vorbehalten. Eine Vervielfältigung dieses Werkes oder von Teilen dieses Werkes ist auch im Einzelfall nur in den Grenzen der gesetzlichen Bestimmungen des Urheberrechtsgesetzes in der jeweils geltenden Fassung zulässig. Sie ist grundsätzlich vergütungspflichtig. Zuwiderhandlungen unterliegen den Strafbestimmungen des Urheberrechts.

© 2003 Birkhäuser – Verlag für Architektur, Postfach 133, CH-4010 Basel, Schweiz
Ein Unternehmen der Fachverlagsgruppe BertelsmannSpringer

Gedruckt auf säurefreiem Papier, hergestellt aus chlorfrei gebleichtem Zellstoff ∞

Printed in Italy
ISBN 3-7643-0511-8

9 8 7 6 5 4 3 2 1   http://www.birkhauser.ch

VORWORT		05
EINLEITUNG		06
BEGRIFFE WAS HEISST DESIGN?	01	07
FUNKTIONEN WELCHE AUFGABEN ERFÜLLT EIN PRODUKT?	02	19
ENTWICKLUNGEN WARUM VERÄNDERT SICH DESIGN?	03	31
PRAXIS WIE ENTSTEHEN NEUE PRODUKTE?	04	43
PROGRAMME WIE SIND PRODUKTE ORGANISIERT?	05	55
KONTEXT WIE IST DESIGN VERNETZT?	06	65
STRATEGIEN WAS BEDEUTEN PRODUKTE FÜR UNTERNEHMEN?	07	73
AUFTRITTE WIE DESIGN PRÄSENTIEREN?	08	85
BEWERTUNGEN WIE DESIGN BEURTEILEN?	09	93
UNTERRICHT WIE DESIGN VERMITTELN?	10	103
ANHANG		109

Mein Dank gilt allen Institutionen und Partnern, Freunden und Lehrenden, die mitgeholfen haben, dieses Buch möglich zu machen.

Helge Aszmoneit	Bettina Mangel	Dirk Salomo
Kerstin Dörhöfer	Martini, Meyer	Ilka Sasser
Angelika Goder	Jürgen Merschmann	Petra Schmidt
Sabine Hartmann	Katharina Mörike	Ulrich Schmidt
Véronique Hilfiker	Tanja Nipkow	Heike Schmitz
Hartmut Keen	Beate Oblau	Walter Schnepel
Axel Keldenich	Katrin Pallowski	Elke Schwichtenberg
Jenny Klingberg	Papeterie Heinrich Künnemann Nachf.	Bernd Solbach
Silke Knoll	Kay Pawlik	Hermann Sturm
Tobias Koob	Heinz Pellert	Studio Vertijet
Martin Krautter	Tobias Picard	Kai Weber
Susanne Künneke-Vogt	Sybilla Pütz	Regina Weiß
Lutz Lienke	Burkhard Remmers	Werkbund Nord
Peter Maly	Dagmar Rinker	Irene Ziehe

Ganz besonders bedanke ich mich bei Jürgen Werner Braun und Wolfgang Reul, die mit ihrem Engagement dafür sorgten, dass aus einer Idee ein Buch wurde.

Großer Dank auch an die Designfreunde Udo Brechmann, Gerd Bulthaup, Dirk Giersiepen, Jochen Hahne, Rainer Kranz, Manfred Lamy, Klaus Jürgen Maack, Leo Lübke, Tim Henrik Maack, Randolf Rodenstock und Eckhard Tischer.

Oliver Standke meinen herzlichen Dank für die freundschaftliche Zusammenarbeit und das hervorragende Layout.

Luka Deekeling, Michael Deekeling, Frieda Pahl und Angela Raabe danke ich sehr für ihre hilfreiche Unterstützung und ihre Geduld.

Marion Godau

VORWORT

Ein Vorwort zu schreiben, heißt ja – wie man in der Schweiz sagen würde – eine Wegleitung verfassen für eine Sache, von der der Schreiber glaubt, dass es wichtig, richtig und sinnvoll sei, sie auf den Weg zu bringen. Das vorliegende Buch will in den abwechslungsreichen und oft verwirrenden Gegenden des Design selbst Wegleitung sein. Und wie es sich für ein hilfreiches und nützliches Orientierungsangebot geziemt, ist es systematisch und übersichtlich geordnet, um Irrungen und Wirrungen, die es im Felde des Designs gibt, zu bezeichnen, sie so vermeiden zu helfen und gangbare Wege aufzuzeigen. Eine gute Orientierung schafft die Grundlage dafür, dass man sich besser auskennt. Und wo man sich besser auskennt, kann man sich auch eher zuhause fühlen, kann in Ruhe Dinge und ihr Zustandekommen – warum sind die Dinge so wie sie sind? – und ihre Erscheinung – warum sehen die Dinge so aus, wie sie aussehen? – kann ihre Wirkung und ihren Nutzen – warum gefallen sie mir und wofür sind sie gut? – einordnen und ihren Ort in der Landschaft des Lebens bestimmen und bewerten.

Das Ziel des Buches ist also ein pädagogisches. Solche Ziele hat der DEUTSCHE WERKBUND gerade auch in Zusammenarbeit mit Gewerbe und Industrie, mit Handel und Unternehmen seit seiner Gründung 1907 mal so, mal so – mal mit mehr, mal mit weniger Erfolg verfolgt. Dabei waren seine pädagogischen Ziele und Bemühungen nie ganz frei von moralischen Wertungen: schön oder hässlich, gut oder schlecht, richtig oder falsch. Und das führte, zumal im Zusammenhang mit Lehre, zuweilen zu unguten Situationen. Da gab es zum Beispiel in den 50er Jahren die so genannte Werkbund-Kiste. Die Kisten waren bestückt mit Beispielen der Guten Form, guten Gläsern, gutem Besteck etc. Was aber, wenn dem Schüler das von zuhause mitgebrachte Glas besser gefiel, als das aus der Werkbund-Kiste? Dieses Problem ist noch immer nicht obsolet geworden. Die Methode schön oder hässlich, gut oder schlecht aber ist so einfach wie falsch. Die Probleme sind komplizierter. Und weil das so ist, ist es gut, eine Wegleitung zu haben, die wie eine zuverlässige Landkarte funktioniert. Sie strukturiert die Gegend, erklärt, wo was zu finden ist, aber sie lässt mir die Entscheidung über meinen eigenen Weg, der sicherer, begründbarer und auch lustvoll begangen werden kann, denn: Wer mehr weiß, sieht auch mehr.

Hermann Sturm

EINLEITUNG

Wie über das Wetter, so lässt sich auch über Design immer etwas sagen, sind wir doch allüberall von gestalteten Produkten umgeben. Doch die Vorstellungen darüber, was Design bedeutet, unterscheiden sich beträchtlich. Eines ist Design bestimmt nicht, eine Eigenschaft, die einem Produkt hinzugefügt werden kann; ein Attribut, das ein Produkt hat und ein anderes nicht. Design ist vielmehr ein geplanter und umfassender Gestaltungsprozess, der arbeitsteilig realisiert wird.

Dem entsprechend kann es im industriellen Kontext kein Nicht-Design geben. Dies bedeutet, dass auch das noch so schlecht gestaltete, wenig funktionsfähige Produkt, designt ist. Das mag uns gefallen oder nicht. Entscheidend ist, dass gerade Lehrende und Designprofis diesen Umstand zur Kenntnis nehmen. Aus diesem Grund entstand das vorliegende Buch. Es möchte Lehrenden, Studenten und Designinteressierten eine Einführung ins Produktdesign an die Hand geben und beleuchtet die Gestaltung von Produkten als breit gefächerte Disziplin aus verschiedenen Blickwinkeln.

Die vielfältigen Facetten von Produktdesign sollen nicht abstrakt, sondern als praxisorientierte Basisinformationen verfügbar sein. Beispiele aus der Praxis von designambitionierten Firmen illustrieren die theoretischen Ausführungen. Jeweils ein Unternehmensbeispiel steht dabei für einen bestimmten Designaspekt. Gemeinsam haben diese neun Unternehmen durch ihre Unterstützung es überhaupt erst ermöglicht, das Buch zu realisieren. Nicht zuletzt, weil sie auf Design als Wettbewerbsvorteil setzen und es deshalb in ihrem Interesse liegt, ihre Begeisterung und Wertschätzung für gelungenes Design möglichst frühzeitig und umfassend schon in der Schule geweckt zu wissen.

Design ist heute nicht nur für den Wettbewerb zwischen Unternehmen ein wesentlicher Unterscheidungsfaktor. Auch und gerade bei jugendlichen Schülern sind Design und Marken wichtige Mittel zur Abgrenzung untereinander. Zur Gruppe gehört nicht zuletzt, wer die "richtige" (Marken)kleidung trägt, die "coolste" Musik hört und die "angesagtesten" Filme sieht. Diese Verhaltensstruktur haben die Schüler in der Regel kaum reflektiert. Hier kann der Designunterricht in der Schule eine wichtige Rolle spielen. Speziell für Kunstpädagogen ist daher das letzte Kapitel gedacht.

Jeder kennt heute das Wort Design, doch die Vorstellungen darüber, was Design bedeutet, unterscheiden sich beträchtlich. Die einen meinen mit Design etwas Überflüssiges, das auf ein Produkt appliziert wurde. Andere preisen ihr Sofa als Designer-Sofa an und meinen damit eine bunte, auffällige oder irgendwie schräge Spielart des Sitzmöbels. Wieder andere assoziieren mit Design zuallererst Kostspieliges.
Hinter diesen Beispielen unterschiedlicher Designauffassungen steckt die Vorstellung, Design sei etwas, das einem Gegenstand als ästhetisches Extra hinzugefügt werde bzw. etwas, das ein Gegenstand hat und ein anderer nicht. Doch Design ist keine Eigenschaft.

01
BEGRIFFE
WAS HEISST DESIGN?

Sprachgeschichtlich kommt das Wort Design vom italienischen "Disegno". Im "Oxford English Dictionary" aus dem Jahre 1588 wird Design zum ersten Mal erwähnt und beschrieben als ein von einem Menschen erdachter Plan oder ein Schema von etwas, das realisiert werden soll; zweitens als ein zeichnerischer Entwurf für ein Kunstwerk oder Objekt der angewandten Kunst, der für die Ausführung eines Werkes verbindlich sein soll. Design umfasst also zunächst nicht viel mehr als die einer Arbeit zugrunde liegende Konzeption. Sobald eine planerische Absicht oder ein Entwurf einem Produkt zugrunde liegt, das arbeitsteilig hergestellt wird, handelt es sich um Design. Dem entsprechend kann es im industriellen Kontext kein Nicht-Design geben.

Aus dieser Definition ergeben sich Grauzonen, die in der Praxis die Abgrenzung zwischen künstlerisch-handwerklicher Produktion und industriellem Design verwischen.
Der Begriff Design ist womöglich auch deshalb unscharf geblieben, weil die Berufsbezeichnung "Designer" bis heute nicht klar definiert und geschützt ist. Jeder, der sich berufen fühlt, kann sich "Designer" nennen. Zudem arbeiten in immer mehr Branchen ausgebildete Designer, deren Arbeitsfelder zwar verwandt, doch inhaltlich sehr verschieden sind: Produktdesign, Grafikdesign, Webdesign, Autodesign, Sounddesign, Food-Design, Filmdesign, Verpackungsdesign, Messedesign, Konzeptdesign, Softwaredesign usw. Alle diese Berufe wurzeln in einem Begriff, dessen Definition offener nicht sein könnte und so breiten Raum für Interpretationen lässt.

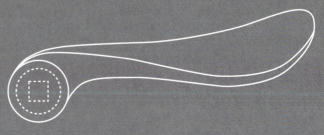

 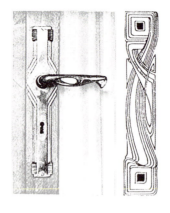

Vom Handwerk zur Massenfertigung.
links: industriell produzierte, anonyme Türklinke, um 1890.
rechts: Entwurf für Türbeschläge von Peter Behrens, 1897.

DESIGN ALS SCHNITTMENGE
ZWISCHEN PRODUKTION, MARKETING UND GEBRAUCH

Obwohl als Wort schon im 16. Jahrhundert verwendet[1], kann man von Design in seiner heutigen Begriffsbedeutung frühestens ab der Industriellen Revolution sprechen. Bis dahin hatte die Produktion von Gegenständen zum größten Teil in der Hand von Handwerkern gelegen. Sie fertigten nach konkreten Aufträgen ihrer Kunden und passten sich deren individuellen Wünschen an. Sollten beispielsweise Türbeschläge und Schlösser für ein neues Haus hergestellt werden, fertigte ein Kunstschmied die Beschläge nach seinem individuellen Repertoire und regionaler Tradition, von der Zeichnung bis zur Ausführung und je nach Geldbeutel und Kundenwünschen. Rationelle Massenproduktion, Lagerhaltung für eine anonyme Käuferschaft und das Prinzip der Arbeitsteilung brachten im 19. Jahrhundert eine Trennung von Gestaltung und Herstellung mit sich. Der Designer war geboren. Als "Musterzeichner" lieferte er Produktvorlagen für die Maschinenparks in den Fabriken.

1904 erhielt Heinrich Vogeler den Auftrag, die alte Güldenkammer des Bremer Rathauses auszustatten. Inspiriert vom Mittelalter realisierte der Jugendstil-Künstler u.a. aufwendige Türdrücker und Beschläge aus zisleiertem Messing und Bronzeguss (1904-1905).

NORMEN, SERIEN UND NATUR

Um eine nennenswerte Anzahl von immer gleichartigen Produkten produzieren zu können, war es nötig, zunächst Werkzeuge und Maschinen zu vereinheitlichen und bestimmte Maßeinheiten festzulegen. Sodann wurden auch die Einzelteile eines Produktes normiert. Die Schaffung solcher Standards war eine der wichtigsten Voraussetzungen für die Massenfertigung.

Neben der Normierung begannen Unternehmen, ihre Produktpalette zu typisieren. Das heißt, die verschiedenen Produkte bekamen mehrere Varianten, die dann unterschiedlich miteinander kombiniert wurden. So ließen sich aus wenigen Grundtypen viele Varianten bilden, die wiederum unterschiedliche Käufervorlieben bedienen konnten. Mechanisierung, Standardisierung und Typisierung wurden zum Grundprinzip der Massenfertigung.

Seit der Industrialisierung beschäftigen sich Gestalter mit der Frage, wie man einen Gegenstand so entwickeln kann, dass er maschinell möglichst kostengünstig gefertigt werden kann und gleichzeitig eine für den Menschen ansprechende Form hat.

Die Industrialisierung schuf nicht nur die Möglichkeit, Gegenstände massenhaft zu produzieren. Sie bewirkte am Anfang auch die weite Verbreitung einer Ästhetik, die bisher nur dem fürstlichen Adel vorbehalten war. Besonders attraktiv erschien die Verwendung von Dekor als Zeichen von Wohlstand und Kostspieligkeit. Formen der Schnitzereien und Intarsien oder feinsten Ziselierungen, die von Handwerkern einst kunstvoll hergestellt worden waren, übertrugen Musterzeichner

Guaranty Building, Buffalo, New York von Louis Henry Sullivan. Das Gebäude entstand 1894-96, zeitgleich mit Sullivans berühmten Essay "form follows function".

nun auf alle möglichen Industrieprodukte. In vergröberten Varianten spuckte die Maschine sie im Minutentakt für Prunkschalen, Kommoden, Leuchter und dergleichen mehr aus.

Doch sollten neue technische Erfindungen in alte Formen "verpackt" werden? Wie könnten elektrische Lampen, Nähmaschinen oder Automobile aussehen? Wie von Handwerkern gemacht? Wenn nicht, welche Formen sollte man den von seelenlosen Maschinen gestanzten, gefrästen und gegossenen Gegenstände dann geben?

Den us-amerikanischen Architekten Louis Sullivan trieb um 1896 eine ähnliche Frage um, nämlich wie neuartige Hochhäuser zu gestalten seien: "Wie sollen wir aus der schwindelnden Höhe dieses so andersartigen, unheimlichen, modernen Hauses die frohe Botschaft des Gefühls, der Schönheit ... verkündigen?" Die Lösung der Frage lag für Sullivan paradoxerweise in der Orientierung an die Natur [2]:

"Jedes Ding in der Natur hat eine Gestalt, das heißt eine Form, eine äußere Erscheinung, durch die wir wissen, was es bedeutet, und die es von uns selbst und von allen anderen Dingen unterscheidet. In der Natur bringen diese Formen das innere Leben, den eingeborenen Wert der Geschöpfe oder Pflanzen, die sie darstellen, zum Ausdruck; sie sind so charakteristisch und unverkennbar, dass wir ganz einfach sagen, es sei ‚natürlich', dass sie so sind... Ob wir an den im Flug gleitenden Adler, die geöffnete Apfelblüte, das schwer sich abmühende Zugpferd, den majestätischen Schwan, ... die ziehenden Wolken oder die über allem strahlende Sonne denken: immer folgt die Form der Funktion."

FSBs alter ego: der Philosoph Ludwig Wittgenstein schuf 1928 für das Haus seiner Schwester einen zeitlosen Türdrücker.

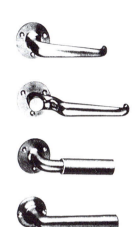

Türdrücker von Ferdinand Kramer, nach 1930.

Louis H. Sullivans Kerngedanke war, dass die Form die logische Konsequenz des Inhalts, das Wesen eines Dinges sei. Obwohl er "form follows function" zunächst auf die Architektur von hohen Bürogebäuden bezogen hatte, ist dieser Satz wegen seiner aus dem ursprünglichen Kontext gelösten Abstraktheit seit über 100 Jahren das zentrale Paradigma des Designs.

Im Geiste Sullivans formulierte 1964 der argentinische Architekt und ehemalige Leiter der Hochschule für Gestaltung Ulm, Thomas Maldonado für das International Council of Societies of Industrial Design (ICSID) eine Definition für Industriedesign [3]: "Das Industrial Design ist eine schöpferische Tätigkeit mit der Aufgabe, die formalen Eigenschaften der von der Industrie produzierten Gegenstände zu bestimmen. Diese formalen Eigenschaften sind nicht nur das äußere Aussehen, sondern in erster Linie jene strukturellen und funktionalen Verhältnisse, die ein System, sowohl vom Standpunkt des Produzenten als auch von dem des Benutzers aus, zu einer geschlossenen Einheit machen."

Die Festlegung dessen, was ein Produkt leisten soll, d.h. welche Funktionen es hat, ist demnach der erste Schritt auf dem Weg zu einem neuen Produkt und bleibt bis zum Finish bestimmend. Und die Form? Der italienische Designer Marcello Nizzoli schreibt 1954, die Form sei das, "was alle, selbst einander widersprechende Aspekte zum Ausdruck bringt, die ein Produkt charakterisieren." [4]

Design ist also keine Oberflächengestaltung, sondern entwickelt sich quasi von innen nach außen. Von den Zielsetzungen ausgehend entsteht die Form.

*Funktionale Türdrücker des Gestalters Wilhelm Braun-Feldweg.
Links: Nr. 121, Wehag, 1963, Mitte: Nr. 26, Wehag, 1966, rechts: Nr. 35, Wehag, 1969.*

FORM, FUNKTION UND RECHTER WINKEL

Louis H. Sullivans Leitsatz "form follows function" beschreibt das Verhältnis zwischen dem Zweck eines Gegenstandes und seiner Form und wurde zur Grundformel einer internationalen Designauffassung, die in Deutschland als Funktionalismus bis weit in die 80er Jahre allgemeingültig war.

Das Fundament dieser Denkrichtung wurde am Anfang des Jahrhunderts vom Deutschen Werkbund und Gestaltern wie Peter Behrens, Walter Gropius und Adolf Loos gelegt. Als Gegenreaktion auf die ausufernden Dekorierungsorgien des Historismus' kämpften sie für die dem reinen Zweckgedanken folgende Gestaltung. Doch erst nach dem 2. Weltkrieg erlebte der Funktionalismus seinen Durchbruch. Dieter Rams, über 30 Jahre Leiter der Abteilung Produktgestaltung des Elektrogeräte-Herstellers Braun, erinnert sich an die Prämissen: "Konsequent, funktionsorientiert, sehr klar, geordnet, einfach, transparent. Hier war eine Vorstellung von brauchbarer, durchdachter, humaner Gestaltung verwirklicht."

Der rechte Winkel schien als Symbol für Sachlichkeit und Funktionalität am besten geeignet. Ob im Stadtraum, in der Wohnung, bei der Arbeit oder auf dem Küchentisch, der Siegeszug des Funktionalismus' war unaufhaltsam. Doch mit seinem Erfolg wuchs auch das Unbehagen an einer zunehmenden ästhetischen Verarmung. Immer mehr Kritiker begannen sich gegen Ende der 60er Jahre zu fragen, ob die geglätteten Produkte, wenngleich sie hervorragend funktionierten, nicht eher steril als human wirkten. Nach Jahren der theoretischen Auseinandersetzung formierten sich

*Auf den folgenden Seiten:
Ergebnisse des Klinken-Workshops
bei FSB mit neun internationalen
Architekten, 1986.*

Hans-Ullrich Bitsch

Shoji Hayashi

Ende der 70er Jahre immer mehr Designer, die mit ironischen Provokationen die gängigen Designregeln des Funktionalismus' auf den Kopf stellten. Allen voran die Gruppen Alchimia und Memphis (Italien), die von der systemkritischen Design-Bewegung Radical Design in Italien ausgehend wesentlichen Einfluss auch auf die weitere Designentwicklung in Deutschland hatten.

In Memphis' und Alchimias Arbeiten formulierte sich ein völlig neues Verständnis von Design. Es wurde zum Frontalangriff auf eine bis dahin allgegenwärtige puristische Ästhetik. Mit Witz, Ironie und Provokationen machten vor allem junge Designer auf ein Riesenmanko der bisher herrschenden Designdoktrin aufmerksam: dem Fehlen von Emotionen und Sinnlichkeit. Und tatsächlich konnte die Formel "form follows function" keine Antwort darauf geben, warum Menschen emotionale Objektbeziehungen zu Gegenständen aufbauen, warum manche einen bestimmten Kaffeetopf lieben oder nur diese eine Automarke fahren wollen.

MEDIEN, WIRTSCHAFT UND EIN WORKSHOP

Das neue, emotionsgeladene Design, das seinen Höhepunkt in den 80er Jahren erlebte, verursachte nicht nur ein nachhaltiges Umdenken in der Formgebung, es führte auch zu neuen Konzepten in Herstellung und Vertrieb. Die meist in Kleinserie handwerklich hergestellten neuen Möbel und Accessoires der Designrebellen wurden auf Ausstellungen wie Kunstwerke präsentiert, in neu entstandenen Designgalerien vertrieben oder einfach auf Bestellung verschickt.

Alessandro Mendini

Hans Hollein

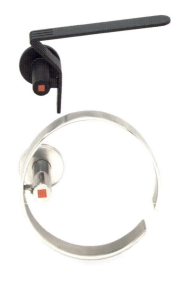
Mario Botta

Riesengroß war das Medieninteresse am neuen Design in den 80er und 90er Jahren. Nicht wenige Designer mit Talent zur Selbstdarstellung schafften den Sprung aus den Fachblättern in die Wochenmagazine und Tageszeitungen. Bekanntestes Beispiel ist der Franzose Philippe Starck, der mit unkonventionellen Entwürfen und unverwechselbarem Stil weltweit bekannt wurde.

Nicht nur Medien, auch Unternehmen entdeckten das Potential, das in neuen Konzepten, Architekten- und Designerstars steckte. In Deutschland machte 1986 der Klinkenhersteller FSB mit einem Designer-Workshop den Anfang. Inspiriert durch einen Besuch des neuen Frankfurter Architekturmuseums kam der damalige Geschäftsführer Jürgen W. Braun auf den Gedanken, namhafte Architekten aus dem In- und Ausland einzuladen, quasi in fremden Revieren zu wildern und als Designer in einem Workshop Klinken zu entwerfen. 18 Monate später präsentierte FSB eine bunte Mischung von Türklinken, darunter Entwürfe von Alessandro Mendini, Hans Hollein, Mario Botta, Peter Eisenman, Dieter Rams und Arata Isozaki.

Der Publicity-Effekt übertraf alle Erwartungen und machte den bis dahin unauffällig produzierenden Traditionsbetrieb zum Gesprächsthema bei Architekten und Marketingexperten. Der Workshop machte Schule. Durch die Aufmerksamkeit, die dem Thema zuteil wurde, begannen etliche Unternehmen, über Design als Profilierungsmöglichkeit und Wettbewerbsvorteil nachzudenken, wenn sie auch nach wie vor eine kleine Minderheit am Markt bilden.

Peter Eisenman

Arata Isozaki

WERTE, DIFFERENZ UND NATIONALE VORLIEBEN

Die wilden Jahre des postmodernen Designs fallen nicht von ungefähr in die Zeit von Digitalisierung, Pluralisierung und Glasnost. Durch die Globalisierung im letzten Jahrzehnt nahmen die unterschiedlichen kommerziellen und ethischen Handlungsvoraussetzungen bei Designern, Herstellern und Käufern noch zu. Als Ergebnis der gesellschaftlichen Umwälzungen treffen Produkte in der westlichen Welt auf eine inzwischen stark ausdifferenzierte Käuferschaft mit wankelmütigem Verbraucherverhalten und extrem verschiedenen Geschmacksrichtungen. Design ist dem dynamischen Prozess des Wandels direkt unterworfen.

Neben gesellschaftlichen Umwälzungen sind auch technische Innovationen für ein neues Design verantwortlich. Spätestens mit der Digitalisierung trennte sich das technische Innenleben der Gegenstände von der Form. Wir verstehen nicht wirklich, was sich im Inneren abspielt, wenn wir telefonieren, CDs hören oder am Computer arbeiten. Wie dann "das Wesen eines Dinges", zum Beispiel das Innenleben eines Mikrochips, in die Außenform transformieren? Designer konzentrieren sich bei technischen Produkten dieser Art stattdessen auf die Lösung ergonomischer Anforderungen. Und sie legen Wert auf die emotionale Qualität der Produkte.

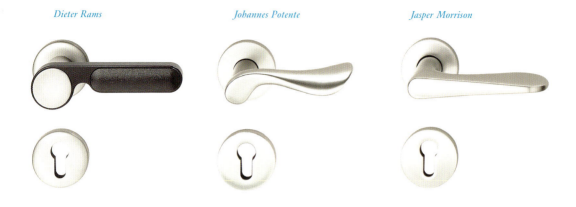

Dieter Rams *Johannes Potente* *Jasper Morrison*

Unterschiedliche nationale Vorlieben beeinflussen die Klinkenwahl.

In unserer immer stärker ausdifferenzierten Warenwelt ist Design heute also weit mehr als die Lösung von Form- und Funktionsproblemen. Vor allem emotionale und marketingrelevante Faktoren wurden in den Begriff integriert. Für Michael Peters, Geschäftsführer der Messe Frankfurt GmbH, steht fest[5]: "Design bezieht sich ... nicht nur auf die Form- und Sinngebung von Gegenständen. Denn Design ist ein Konzept: es nimmt nicht nur materielle Formen an, es kann auch immaterielle Prozesse anschaulich machen. So dient es Unternehmen, die eine Denkhaltung nach innen und außen weitergeben wollen. Design umfasst auch Prinzipien zur Erarbeitung, Schaffung und Definition von Unternehmenshaltungen."

Über den strukturellen Aufbau eines Produktes hinaus umfasst Design somit auch emotionale, kommunikative, wirtschaftliche und soziale Aspekte (s. Kapitel 2). Design wird zum Kommunikationsmittel, denn jedes Produkt transportiert Einstellungen und Werte.

Ob billig hergestellt und teuer vermarktet, ob aus hochwertigen Materialien und auf Langlebigkeit hin ausgelegt - das produzierende Unternehmen drückt mit seinen Erzeugnissen ebenso Haltungen aus wie der verantwortliche Designer und spätere Käufer. Sogar nationale Unterschiede und Vorlieben lassen sich anhand der Wahl der Gegenstände ablesen.

FSB fand für seine Produkte heraus, dass das Design des Deutschen Dieter Rams vor allem in Großbritannien und den Niederlanden Anklang findet. Die Klinkenmodelle des Briten Jasper Morrison gefallen auf dem europäischen Kontinent, während man im fernen Japan FSB-Entwürfe von Johannes Potente aus den 50er Jahren bevorzugt. Überall beliebt sind die Klinken des Franzosen Philippe Starck. Und des deutschen Industriedesigners Hartmut Weise.

Jasper Morrison
Türknauf

Hartmut Weise

Philippe Starck

FAZIT

Der Begriff Design meint die planerische Absicht, die einem Produkt zugrunde liegt.

Auch wenn es Designobjekte gibt, die unter künstlerischen Gesichtspunkten als Kleinstserie konzipiert sind (z. B. Vasen, Möbelobjekte), ist Design den Bedingungen der Produktion und des Marktes unterworfen.

Da kein Erzeugnis ungeplant hergestellt wird, muss man es unter Designprämissen betrachten. So gesehen gibt es keine speziellen "Designer"- und "Design-Produkte", nur gelungenes oder schlechtes Design.

Seit der Industriellen Revolution haben sich Beruf und Gestaltung im Design stark gewandelt. Bis etwa Ende der 70er Jahre des 20. Jahrhunderts standen Form- und Funktionsfragen bei der Gestaltung im Vordergrund der Diskussion (Funktionalismus). Doch durch die fortschreitende Digitalisierung und der Miniaturisierung der Gerätetechnik lässt sich der Zusammenhang zwischen der technischen Funktion eines Produktes und seiner Form in manchen Branchen gar nicht mehr herstellen.

Design wird heute als umfassendes Beziehungsgeflecht mit emotionalen, sozialen, gesellschaftlichen und kommunikativen Dimensionen gesehen. Ihre facettenreichen Veränderungen finden ihren Niederschlag auch in den Produkten. So verstanden ist Design ein dynamischer Prozess und zugleich ein Medium, das über Produkte Haltungen transportiert. Diesen Zusammenhang erkennen immer mehr Unternehmen und beschäftigen sich bewußt mit Gestaltung als einem zentralen Marketingfaktor.

Exzessiv beschäftigt sich Traditionsbetrieb FSB mit dem Thema Greifen.
Otl Aicher entwickelte für FSB sogar "Die vier Gebote des Greifens":

1. Der Daumen sucht stets eine Richtung und braucht eine Daumenbremse.
2. Um Halt zu finden, braucht der Zeigefinger eine Kuhle.
3. Faßt die Hand zu, will der Handballen eine Stütze haben.
4. Greifvolumen wird als angenehm empfunden.

Quellen:

[1] Bernhard E. Bürdek: Design:
Geschichte Theorie und Praxis der Produktgestaltung.
Köln 1991, S. 16

[2] Volker Fischer, Anne Hamilton (Hg.):
Theorien der Gestaltung. Grundlagentexte zum Design,
Band 1. Frankfurt / Main 1999, S. 144

[3] Internationales Design Zentrum Berlin (Hg.):
Design als Postulat am Beispiel Italien.
Berlin 1973, S. 34

[4] ebenda, S. 23

[5] Michael Peters in: Brigitte Wolf (Hg.):
Designmanagement in der Industrie. Gießen 1994, S.52

Weitere Literatur (Auswahl):

• Charlotte & Peter Fiell:
Design des 20. Jahrhunderts. Köln 2000

• FSB – Franz Schneider Brakel (Hg.):
Visuelle Kommunikation. Bausteine, Realisationen.
Köln 1995

• FSB – Franz Schneider Brakel (Hg.):
Greifen und Griffe. 2. Aufl. Köln 1995

• FSB – Franz Schneider Brakel (Hg.):
Türdrücker der Moderne. Köln 1991

• Thomas Hauffe:
Dumont-Schnellkurs Design. Köln 1995

• Hermann Sturm (Hg.):
Geste & Gewissen im Design. Köln 1998

"Wenn du die Funktion eines Objekts genau untersuchen willst, zerrinnt sie dir zwischen den Fingern, weil sie ein Teil des Lebens ist. Funktion bedeutet nicht eine Schraube mehr oder weniger. Funktion ist der Schnittpunkt zwischen Objekt und Leben", sagt kein geringerer als der Grandseigneur des italienischen Designs, Ettore Sottsass.[1] Sottsass prägte in den 60er Jahren das Corporate Design des Unternehmens Olivetti und schuf eine Reihe bekannter Designklassiker wie die Olivetti-Schreibmaschine "Valentine".

Er stand für klar strukturiertes, rationales Design. Dennoch wurde Sottsass später zu einem seiner schärfsten Kritiker. Anfang der 80er Jahre erregte der damals schon über 60jährige mit postmodernen Entwürfen wie dem Regal "Carlton" Aufsehen. Statt des üblichen horizontal-vertikalen Aufbaus in dezenter Farbgebung thronte sein Regal als totemähnliches Gebilde auf einem Sockel, in bunten Farben von kräftig bis Pastell. Kein geschlossener, rechteckiger Korpus, sondern aufgelöste Kontur mit der Diagonale als beherrschendem Element. Was war geschehen?

02

FUNKTIONEN
WELCHE AUFGABEN ERFÜLLT EIN PRODUKT?

Sprach man von der Funktion eines Objektes, waren bis in die 80er Jahre hinein nahezu ausschließlich Zweckmäßigkeit und technisches Funktionieren gemeint. Dinge sollten so gestaltet sein, dass sie den Anforderungen von Praktikabilität, Wirtschaftlichkeit und Sicherheit genügten. Ein Regal hatte sicher zu stehen, sich unauffällig in den Raum einzufügen und möglichst viele Bücher in sich aufzunehmen. Dagegen ist nichts einzuwenden, doch wuchs das Unbehagen gegen den einseitigen Blickwinkel, mit dem Design beurteilt wurde. Fast immer wurde technisch-praktisch argumentiert, obwohl sich niemand rein rational für ein Produkt entscheidet.

Scheinbar antifunktionale Objekte wie "Carlton" machten auf ihre grelle Art deutlich, dass die Dinge, die uns umgeben, Teil eines gesellschaftlichen Beziehungsgefüges sind und somit weit mehr Bedeutungen haben als bloße Praktikabilität. Doch welche Bedeutungen? Und für wen?

Die Schreibmaschine "Valentine", in einem robusten Schuber versenkt, konnte nicht nur überall hin mitgenommen werden, sie fiel auch durch ihre Signalfarbe ins Auge, 1969.

Stellt Konventionen auf den Kopf: Ettore Sottsass' Regalobjekt "Carlton", 1981. (Rheinisches Bildarchiv, Köln)

PROJEKTIONSFLÄCHE GEGENSTAND

Was Design bedeutet ist je nach Blickwinkel unterschiedlich. Der Designer möchte über das ökonomische Interesse hinaus ein Produkt mit möglichst kreativer Freiheit gestalten, seine Designaufgabe optimal erfüllen und seine Kreation am Ende in den Verkaufsregalen sehen. Für den Produzenten sollen Produkte Kaufbereitschaft erzeugen und den Absatz steigern[2]. Dabei ist die Unterscheidung von der Konkurrenz essentiell. Das Design der Produktpalette muss dazu so gestaltet sein, dass es das Markenimage unterstützt bzw. profiliert. Idealerweise sollen Produkte im Unternehmen weitere Rationalisierung ermöglichen und so entworfen sein, dass sie Ressourcen schonen. Designer und Produzenten sind sich darüber im Klaren, dass die Form eines Objektes eine entscheidende Rolle spielt. Jenseits von Funktionen wird sie zuerst wahrgenommen. Noch bevor sich die Benutzbarkeit des Produktes erweisen kann, entsteht durch die visuelle Wahrnehmung der Form eine emotionale Wirkung. Sie spricht an – oder nicht. Der potentielle Käufer erhält ein ästhetisches Versprechen, das er erst im zweiten Schritt, manchmal sogar erst nach dem Kauf, praktisch überprüfen kann.

DIE GEBRAUCHERPERSPEKTIVE

Für jeden Benutzer haben Gegenstände hochkomplexe Bedeutungen. Neue Produkte beispielsweise sollen zu vertrauten passen und sich in den Lebensstil der Benutzer einfügen. Mit Hilfe der Dinge wird Ordnung geschaffen, sie verbessern den Gebrauchsnutzen und ermöglichen die Identifikation mit sozialen Milieus und gesellschaftlichen Idealen[3]. Dementsprechend

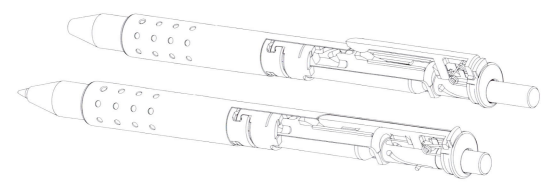

Innovative praktische Funktion: Der ausgeklügelte Tintenroller "swift" von Lamy. Drückt man die Minenspitze heraus, gleitet der Clip in den Korpus. Ein versehentliches Anklippen des Stiftes mit ungeschützter Tintenrollerspitze wird so verhindert.

beinhaltet ein Gegenstand ein ganzes Bündel an Funktionen, von der praktischen Funktion des Gebrauchs bis zur symbolischen Funktion des Prestiges. Dieses komplexe Beziehungsgeflecht zwischen Mensch und Gegenstand lässt sich grob in rationale und emotionale Aspekte teilen, die sich meistens überschneiden. Da sie nicht voneinander zu trennen sind, muss man sie als gleichwertig anerkennen. Selbst ein so simpler Gegenstand wie ein Weinflaschen-Korken beinhaltet rationale und emotionale Funktionen. Über die praktische Funktion des Verschlusses hinaus bietet der Korken sinnliches Erleben und soziale Botschaft. Ist der Korken aus Plastik? Aus Korkschnipseln? Aus Vollkorken? Weinkenner schließen vom Material des Verschlusses auf die Qualität der Weine eines Gastgebers und dementsprechend auf den Wert, den dieser dem Ritual Wein trinken beimisst.

Bei manchen Produkten steht sein Zweck nur scheinbar im Vordergrund. Tatsächlich geht es um die Befriedigung emotionaler Bedürfnisse. Armbanduhren etwa weisen nicht selten technische Funktionen und Merkmale auf, die eher im Hinblick auf den emotionalen Nutzen hin kreiert wurden (z.B. Mondphasenanzeige, extreme Ganggenauigkeit, Wasserdruckresistenz, hoch komplizierte Mechanik).

Je komplexer ein Produkt aufgebaut ist, desto verwischter sind seine einzelnen Funktionen. Ein Auto besteht aus vielen verschiedenen Einzelkomponenten wie Bremsen, Lenkrad, Polsterung, Markenemblem, Verriegelung etc. Jeder Bestandteil hat einen anderen Schwerpunkt im rational-emotionalen Funktionsgefüge. Fahrzeugbremsen sollen in erster Linie technisch einwandfrei funktionieren, während das Markenemblem primär symbolische Aussagekraft hat.

*Lamys ergonomisches Schreibsystem "ABC":
Der Minenbleistift soll den Übergang vom Buntstift
zum Füller erleichtern. Lamys "ABC"-Füller wiederum ist beinahe genauso wie der Minenstift gestaltet.
So muss sich die Kinderhand kaum umgewöhnen.*

Am Beispiel von Produkten des Schreibgeräteherstellers Lamy werden die einzelnen Designfunktionen im Folgenden auf ihren Nutzen für den Gebraucher hin beleuchtet.

Lamys Produkte gliedern sich heute in Schreibgeräte für Kinder und Jugendliche und in solche für Erwachsene. Lamy-Käufer finden sich hauptsächlich unter den modern eingestellten Anhängern klarer Formen. Sie verfügen über ein mittleres bis hohes Einkommen und haben ein Faible für technische Innovationen und Understatement.

RATIONALE FUNKTIONEN

Rationale Funktionen lassen sich im Gegensatz zu emotionalen Funktionen präzise benennen und beschreiben. Hier geht es pragmatisch um Benutzung und Ökonomie aus der Sicht des Gebrauchers.

TECHNISCH-PRAKTISCHE FUNKTIONEN (Benutzen)

Handhabbarkeit, Haltbarkeit, Zuverlässigkeit, Sicherheit, Technische Qualität, Ergonomie und ökologischer Wert[4] – Wird ein Produkt als "funktional" bezeichnet meint man damit meist, dass es die Kriterien der technisch-praktischen Funktionen erfüllt.

Ein solch funktionales Gerät ist der Schreiblern-Füller "Lamy ABC". 1987 fand das Schreibgeräteunternehmen, dass es bislang keinen wirklich kindgerechten Einstiegsfüller für ABC-Schützen gab. Im Entstehungsprozess von Pädagogen begleitet entwickelte Lamy daraufhin ein "Schreib-

Ökonomischer Einfluss aufs Design am Beispiel Kugelschreiber-Clip: Die kalkulierten Herstellungs- und Verkaufspreise haben Einfluss auf die Materialauswahl.

Niedrigpreisig: Kunststoff mit metallischer Einlage (z.B. "Lamy black pen").

Mittelpreisig: Federbandstahl oder schwarzer Bronzedraht (z.B. "Lamy safari").

Hochpreisig: Massivstahl-Clip (z.B. "Lamy cp 1 black").

lernsystem". Es besteht aus einen Bleiminenstift mit robuster Mine, der den Übergang vom Buntstift zum Füller ebnen soll. Nach dieser Vorbereitung können Schulanfänger unkompliziert auf den Lamy-Schreiblernfüller ABC umsteigen, nicht zuletzt, weil er in derselben Form gestaltet wurde. Diese besteht aus Holzschaft und robuster Kunststoffkappe, die in Material und Farbe an Spielzeug erinnern soll. Würfelförmige Abschlüsse dienen als Wegrollbremsen. Ergonomische Griffstücke bieten der Kinderhand Halt. Diese funktionale Gestaltung des "ABC-Schreiblernsystems" brachte Lamy bis 2002 eine sehr hohe Marktdurchdringung.

WIRTSCHAFTLICHE FUNKTIONEN (Besitzen)

Dieser Komplex dreht sich um Fragen wie: Wie hoch ist der Kaufpreis des Produktes, wie ist das Preis- / Leistungsverhältnis, was kostet der Unterhalt des Produktes, wie hoch ist der Wiederverkaufswert?

EMOTIONALE FUNKTIONEN

Lassen sich rationale Funktionen relativ klar benennen, sind die emotionalen Funktionen eines Produktes sehr viel schwerer zu fassen. Sie sind subjektiv, amorph und bieten breiten Spielraum für Interpretationen. Prinzipiell kann jeder Gegenstand aus vielfältigen Gründen für einen Menschen bedeutungsvoll sein. Dieser selektiert aus der Flut der Produkte, nicht nur, was er praktisch braucht, sondern was für ihn auch emotional "brauchbar" ist. Kurz, was ihm ein gutes Gefühl gibt. Für andere ist seine Wahl womöglich abwegig. Die uralte Diskussion um ästhetische oder

Robuste Anmutung durch stark ausgeformte Griffzonen, tief eingekerbtes Sichtfenster und groß dimensionierten Clipbügel: "Lamy sky".

Elegante Anmutung durch die gerade Form, schmale Silhouette und matte, gebürstete Stahloberfläche: "Lamy logo".

soziale Bewertungen, wie z.B. schön oder hässlich, geschmackvoll oder vulgär, erwächst nicht aus rationalen Funktionen; sondern aus dem unterschiedlichen individuellen Pool emotionaler Bedeutungen.

ÄSTHETISCHE FUNKTIONEN (Ansehen)

Die Gestalt eines Produktes hat eine ganz besondere Bedeutung. Gefällt uns die Form nicht, werden wir dem Produkt kaum Chance geben, auch wenn es noch so praktisch ist. Die Form gibt visuelle Hinweise auf die Funktion. Formen sprechen uns aber vor allem emotional an. Sie können unser rationales Urteilsvermögen benebeln, sie können uns aber auch veranlassen, bewusst Abstriche bei den rationalen Funktionen hinzunehmen.

Form, Farbe, Material und Oberfläche sind die Faktoren, die die Gestalt eines Produktes bestimmen. Oft wird Form synonym für die Gestalt, das Aussehen benutzt. Auch der griffige Leitsatz "Die Form folgt der Funktion" meint eigentlich, dass die Ästhetik dem praktischen Zweck folgt. Denn auch Farbe, Material und Oberfläche sind je nach geplanter Verwendung mit Bedacht gewählt, z.B. Warnfarben oder solche, die sich unauffällig in ein Ambiente einfügen sollen. Soll Luftwiderstand verringert werden, wird man glatte statt raue Materialien verwenden. Geht es darum, Gewicht zu sparen, z.B. bei einem Rucksack, wird dies Einfluss auf die Materialwahl haben. Die wiederum beeinflusst die gesamte Formgebung, von der Haptik über verarbeitungsbedingte Formdetails (z.B.

Die Geschmäcker sind auch von Land zu Land verschieden. Französische Kunden etwa kaufen mehr Tintenroller als in Deutschland.

Versteifungen) bis hin zur Farbgebung ("leichte" Farben oder "schwere", die trotz Leichtigkeit Robustheit suggerieren sollen).

Die ästhetische Beurteilung von Produkten ist abhängig von verschiedensten Faktoren: von den ästhetischen Vorlieben der sozialen Schicht, Nationalität, dem Geschlecht und Alter. Und von Gewöhnung. Wir neigen dazu, alles was wir sehen, sofort zu bewerten. Darunter versteht allerdings jeder etwas anderes.

Soziale Konditionierung:
Der französische Soziologe Pierre Bourdieu belegte Ende der 60er Jahre mit Hilfe empirischer Untersuchungen, dass Kultur ein Unterscheidungsmerkmal für soziale Differenzen darstellt, dessen Mechanismen unbewusst bleiben[5]. Demnach ist Geschmack das Ergebnis sozialer Konditionierung und damit abhängig von der jeweiligen sozialen Schicht, in der Menschen aufwachsen.

Nationalitäten:
Bekanntermaßen gibt es in anderen Ländern andere Geschmacksvorlieben. Das Schreiben mit dem Füller etwa ist in südeuropäischen Ländern eher als in Deutschland mit einem Design verbunden, das an traditionelle Schreibgeräte in Schwarz mit goldfarbenem Dekor und Goldfeder erinnert.

Ästhetik ist gewöhnungsbedürftig. Ein Beispiel dafür ist der "Smart". Mit der Zeit gab es das Auto in immer mehr, vor allem dezenteren Varianten.

Alter und Geschlecht:

In jungen Jahren liebt man es eher bunter, in zunehmendem Alter mag man es dezent. Jeder kann solche Geschmackstendenzen in seinem Bekanntenkreis beobachten. Ebenso, dass Frauen nicht selten andere ästhetische Vorlieben haben als Männer.

Gewöhnung:

Die Ästhetik eines Produktes kann bei seiner Markteinführung so ungewohnt sein, dass die Neuheit erst einmal floppt. Als das Mikroauto "Smart" 1994 eingeführt wurde, sorgte es mit seinem unkonventionellen und bunten Design für viel Aufsehen, jedoch für keinen kommerziellen Erfolg. Wegen der geringen Nachfrage mussten die Verkaufserwartungen immer weiter reduziert werden. Das Management erwog schließlich sogar die Einstellung der "Smart"-Produktion. Heute erfreut sich der Zweisitzer wachsender Beliebtheit. Er ist auch ästhetisch längst angenommen. Allerdings erleichterte das Unternehmen die Kaufentscheidung durch Preisreduzierung und vielseitigere Ausstattungsmöglichkeiten, z.B. eine dezente Farbpalette, die es bei der Markteinführung nicht gab.

SYMBOLISCHE FUNKTIONEN (Zeigen)

Symbolische Funktionen von Designobjekten beziehen sich auf den Menschen als Besitzer der Dinge und geben ihnen verschlüsselte Bedeutungen. Durch die Wahl seines Besitzes oder auch dadurch, welche Dinge er nicht besitzt, gibt der Mensch anderen fortwährend Zeichen, die diese entschlüsseln. Auf der kulturellen Ebene verschreibt er sich bestimmten Traditionen und Ritualen

Statt güldener Schnörkel gebürsteter Stahl. Der "Lamy 2000" fiel bei seiner Markteinführung 1966 wegen seiner sachlichen Ästhtik aus dem Rahmen.

(z.B. Art des Essens und Tischsitten). Auf sozialer Ebene geht es um Gruppenzugehörigkeit und um Status, und auf individueller Ebene um die Gefühlsbindung an Objekte. Design ist gewissermaßen eine von mehreren möglichen Sprachen, die über verschiedenste Lebensstile und –auffassungen Auskunft gegen können. Klare, sachliche Gestaltung zum Beispiel steht für Aufgeschlossenheit, Modernität und Fortschritt. Sie ist Zeichen eines Lebensgefühls, dem sein Besitzer Ausdruck verleiht. Diese Zeichen werden von den Mitmenschen entsprechend ihrer Erfahrungen interpretiert. Ändert sich das Lebensgefühl durch individuelle Faktoren (z.B. beruflicher Aufstieg) oder gesellschaftliche Veränderungen (z.B. wirtschaftliche oder politische Krisen), kann es dazu kommen, dass derjenige, der noch zuvor Puristisches bevorzugte, sich nun in eine andere ästhetische Richtung bewegt, sein Geschmack zum Beispiel experimenteller oder konservativer wird.

Symbolisch-soziale Funktion:
1966 brachte das kleine Familienunternehmen Lamy den "Lamy 2000" heraus, ein Füller mit technischen Neuheiten. Innovativ die Materialkombination aus mattem Kunststoff plus gebürsteten Edelstahl. Der ganz aus Edelstahl gefertigte Clip war federgelagert, auch das ein technisches Novum. Im Vergleich zu damaligen Füllern fiel der "Lamy 2000" jedoch vor allem durch sein ungewöhnlich schlichtes und kühles Design auf. Marktuntersuchungen ergaben, dass besonders Männer mittleren Alters mit Sinn für Understatement die klare Spindelform als Zeichen ihrer modernen und fortschrittlichen Lebensauffassung schätzten. Lamy hatte mit dem klaren Design seines neuen Produktes eine ästhetische wie symbolische Lücke geschlossen, denn Unternehmenschef

Made in Heidelberg
Made in Heidelberg
Made in Heidelberg
Made in Heidelberg
Made in Heidelberg
Made in Heidelberg
Made in Heidelberg

High Tech und Individualität. Im Zeitalter des Computers legen nicht wenige Wert auf den persönlichen Ausdruck und schreiben kurze Texte schon mal per Hand.

Manfred Lamy hatte erkannt: "Produkte müssen sich auch eignen zur sozialen Identifikation und Kommunikation. Damit werden sie zu Symbolen der Selbstdarstellung – der realen und der vortäuschenden – und zu Erkennungszeichen der erwünschten sozialen Einstufung."

Damit verweist Lamy auf das bei jedem Menschen mehr oder weniger bewusste Bedürfnis, innerhalb seiner Gruppe (Familie, Freunde, Geschäftspartner) anerkannt zu sein. Gruppenzugehörigkeit kann durch für die Gruppe typische Produkte symbolisiert werden (Statusprodukte). Außerdem tendiert der Mensch dazu, sich mit Produkten der nächst höheren Schicht zu umgeben (Prestigeprodukte). In den unterschiedlichen sozialen Gruppen geht die Meinung allerdings darüber auseinander, was prestigeträchtig ist (siehe Pierre Bourdieu). Die einen beurteilen z.B. diamantbesetzte Füllfederhalter mit üppigem Golddekor als vornehm-kostbar und konservativ, andere wiederum als protzig-vulgär.

Symbolisch-kulturelle Funktion:

Mit dem was er besitzt und benutzt, ordnet sich der Mensch bewusst und unbewusst als kulturelles Wesen ein und dokumentiert gleichzeitig den jeweiligen Zeitgeist. Im Zuge der wachsenden Computerisierung beispielsweise wurde vor einigen Jahren das Schreiben mit dem Füller wieder entdeckt, vielleicht weil man befürchtete, das Jahrhunderte alte, handschriftliche Schreiben mit seinem individuellen Ausdruck würde mit der modernen Datenverarbeitung untergehen. Mit Füllern im traditionellen Design, oft federartig verlängert und mit Breitbandfeder, wiesen ihre Besitzer besonders deutlich auf ihr Traditionsbewusstsein über das kulturelle Erbe des Schreibens hin.

"Lamy accent"
Neben einem spielerischen Element und der Möglichkeit, ein und denselben Stift ästhetisch immer wieder zu "erneuern", lassen sich durch die Griffhülsen aus Holz, Metall oder Kautschuk auch Griffdicke-, Haptik und Schwere des Stiftes variieren.

Symbolisch-individuelle Funktion:

Erbstücke, Sammlerobjekte, einst heiß geliebte Teddybären – viele unserer Gegenstände repräsentieren individuelle Erfahrungen und Erinnerungen, die wir dokumentieren wollen oder von denen wir uns zumindest nicht trennen können, weil eine persönliche Gefühlsbindung zwischen Mensch und Gegenstand besteht.

Gleichzeitig haben wir das Bedürfnis, innerhalb unserer industriell geprägten Umwelt Individualität auch über Produkte zu erleben. Lamy kreierte nicht zuletzt die Schreibgeräte-Serie "accent", um dem Bedürfnis nach einem möglichst persönlichen Industrieprodukt nachzukommen. Austauschbare Griffstücke im Baukastenprinzip sollen individuelle ästhetische Wahlmöglichkeiten bieten.

FAZIT

Bis auf wenige niederkomplexe Gebrauchsgegenstände (z.B. Gummiring) beinhalten Produkte sowohl rationale als auch emotionale Funktionen. Mit "funktional" ist im Sprachgebrauch praktisch-technische Handhabbarkeit gemeint. Der weitaus größere Funktionsanteil an Design ist jedoch subjektiv-emotional. Soll das Design eines Produktes bewertet werden, wird fast ausschließlich technisch-praktisch argumentiert, gleichwohl sich niemand rein rational für ein Produkt entscheidet.

Je nach Blickwinkel von Unternehmen, Designern und Gebrauchern müssen Produkte unterschiedliche Funktionen erfüllen. Aus der Perspektive des Konsumierenden beinhaltet ein Gegenstand zum einen rationale, klar benennbare Funktionen, die sich vor allem um die praktische

Die Verpackung muss zum Gesamtbild passen. Lamy setzt auf klare Ästhetik und die vielen Faltungsmöglichkeiten von Karton.

Benutzung drehen, und zum anderen emotionale Funktionen. Die emotionale Bedeutung einzelner Produkte für ein Subjekt kann je nach individuellem Hintergrund grundverschieden sein. Gleichzeitig werden Menschen über das, was sie besitzen und leben von anderen permanent sozial verortet. Weil der Interpretierende dabei auf seinen Erfahrungsschatz zurückgreift, öffnet sich bei der Bewertung von Besitz und Lebensstil ein breiter Spielraum für Interpretationen. Und für Missverständnisse.

Quellen:

[1] Christine Sievers, Nicolaus Schröder:
50 Klassiker Design des 20. Jahrhunderts.
Hildesheim 2001, S. 241

[2] Bernd Löbach:
Produktgestaltung. Stuttgart 1981, S. 31

[3] Marion Godau, Peter Gnielzyk (Hg.):
Designfortbildung für Lehrer. Die Gestaltung von Gebrauchsgütern im Unterricht. Berlin 1996, S. 58 ff.

[4] Rat für Formgebung (Hg.):
Design im Schulunterricht. Materialien zu einem kaum erschlossenen Unterrichts-Thema.
Frankfurt / Main 1991, S. 17

[5] Pierre Bourdieu:
Die feinen Unterschiede. Frankfurt / Main 1987

Weitere Literatur (Auswahl):

• Informationsmaterial der C. Josef Lamy GmbH. Heidelberg o.J.

03 ENTWICKLUNGEN
WARUM VERÄNDERT SICH DESIGN?

Unsere Gesellschaft ist einem permanenten Wandel unterworfen. Als eine Facette von Kultur betrifft dieser Wandel auch das Design. Wäre Design ein statischer Zustand, so hieße die Prämisse für Gestalter, dass man nur "das Richtige" entwerfen müsse, und dann wäre die Arbeit getan. Einmal entworfen, für immer produziert. Doch sogar Designklassiker sind der Regel unterworfen, dass Produkte über kurz oder lang durch andere ersetzt werden.

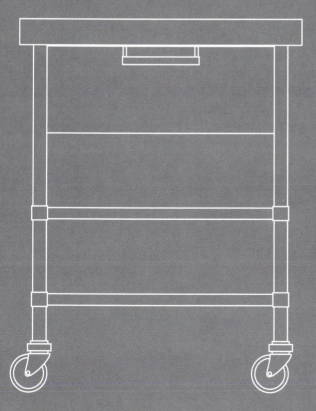

Oft ist nicht Verschleiß der Grund, dass etwas Neues her soll, sondern eine diffuse Unlust, einen Gegenstand länger zu benutzen oder anzusehen. Nicht sein Funktionieren ist dann veraltet, sondern sein Design, ein Umstand, der Mode in Bewegung hält. Das Bedürfnis nach neuen Dingen an visueller Abnutzung festzumachen, greift jedoch viel zu kurz. Vielmehr ist unsere Dingwelt Ausdruck gesellschaftlicher Dynamik und der damit einhergehenden Haltungen.

Sozialer Wandel, etwa die Tendenz zum Singlehaushalt, verändert die Auffassung von der Umwelt und damit die Art und Weise, sie zu interpretieren.
Technische Innovationen eröffnen neue Möglichkeiten, Produkte zu kreieren. Veränderte wirtschaftliche Bedingungen beeinflussen den Produktionsprozeß und Marktbedingungen.
Alle drei Faktoren sind miteinander verflochten und beeinflussen die Gestaltung von Produkten. Die Entwicklung der Küche vom 19. Jahrhundert macht dies beispielhaft deutlich.

Kessel und Bratenspiess, die üblichen Kochgeräte im Mittelalter. So genannte Stutzentöpfe ermöglichten eine noch bessere Wärmeausnutzung als diese. Sie wurden mit Einsatzstutzen direkt aufs Feuerloch gesetzt.

Bis weit ins 19. Jahrhundert hinein gab es in Deutschland keine Alternative zum urzeitlichen Ritual des morgendlichen Feuer machens. Brennmaterial musste geholt werden, Glut vom Vortag für die Morgensuppe angefacht und die Feuerstelle von Ascheresten gesäubert werden. Dann hieß es, das Feuer auf die richtige Hitze zu bringen. Je nach Zweck musste es hoch lodern, um den großen Kessel mit Suppe zu erhitzen, oder schwelen, damit Fischgrill und Bratspieß die richtige Temperatur hatten und nicht Opfer der Flammen wurden. Die Wärme des Herdes machte die Küche zum zentralen Versammlungsort der Familie. Am Küchentisch wurden die Mahlzeiten vorbereitet und gegessen, aber auch Handarbeiten gemacht und gespielt.

Ob Stadt oder Land, die Küche war auf Eigenfertigung und Vorratshaltung hin ausgerichtet. Man knetete und backte, pökelte und salzte Fleisch ein, hobelte das Kraut, kochte Marmeladen und teilte das Fleisch für den Räucherplatz im Kamin Auch Kerzen, Bohnerwachs und Seife wurden selbst gemacht[1]. In der Stadt nahmen Metzger, Bäcker und Kolonialwaren den Hausfrauen zwar manche Arbeit ab, doch auch hier gab es eine kühle Speisekammer und einen geräumigen Keller, in dem die Wintervorräte lagerten.

Zum Küchenarsenal einer Hausfrau um 1800 gehörten neben dem großen Kessel, Grillrost und Bratenspieß das Butterfaß, der Mörser, die Handmühle und der Hackstock. Geschirr und Kochutensilien waren schnell zugänglich in offenen Borden oder an Stangen untergebracht. Der durchschnittliche Haushalt wies wenige Gegenstände auf. Das meiste war handwerklich oder manufak-

Industrielle Revolution im antiken Kleid. Zunächst wurde die Moderne versteckt. Dampfmaschine von E. Alba, 1840.

86 Jahre später. Dieselmotor, "deren Schönheit sich aus der Zweckform von selbst ergibt".[2]

turell gefertigt und ohne aufwendige Dekorierung gestaltet. Das Geschirr war meist aus Zinn und Keramik. Aufwendig dagegen Hausrat und Interieur der meist adeligen Oberschicht. Üppig dekorierte Gegenstände aus feinsten Materialien wie Porzellan und Silber und ausgefeilter Handwerkstechnik wie die Ziselierkunst dokumentierten auch in den Küchenräumen Reichtum und Macht der Herrschenden.

INDUSTRIELLE REVOLUTION

100 Jahre später hatte sich die Welt dramatisch verändert. Die Fortschritte in Naturwissenschaften und Ingenieurskunst, vor allem aber die Erfindung der Dampfmaschine (1783 von James Watt) leiteten die Industrialisierung ein. Durch den Einsatz von Maschinen konnten nun in Minuten Stückzahlen erreicht werden, zu deren Produktion noch wenige Jahre zuvor Hunderte von Menschen Wochen gebraucht hätten. Ein wahrer Erfindungstaumel brach aus, Elektrizität, Stahl, Beton, Gußeisen veränderten die Welt. Zeitungen und Illustrierte flatterten dem staunenden Publikum ins Haus und läuteten das Zeitalter der Massenmedien ein.

Die gesellschaftlichen Veränderungen waren radikal. Neue Berufsgruppen wie Telefonistin, Musterzeichner oder Vorarbeiter entstanden. Fabriken verdrängten eingesessene Handwerker und Kleingewerbetreibende. Die traditionelle Großfamilie löste sich auf. Familien wurden auseinander gerissen, denn Landarbeiter strömten nun in Massen in die Städte, um in den neuen Fabriken einfache und monotone Arbeitsgänge zu verrichten und damit ein besseres Auskommen als auf dem Land zu haben. Entwurf und Verarbeitung, früher in der Hand des Handwerkers, waren nun getrennt.

Noch 1926 im Versandhauskatalog zu bestellen. Kaschierter Fortschritt à la Gründerzeit.

MASSENHAFT "ADELSGÜTER"

Das mit der Industrialisierung gestärkte Bürgertum der Gründerzeit orientierte sich vorerst an Lebensstil und Geschmack der bisher herrschenden Klasse, dem fürstlichen Adel. So ahmen die ersten industriell produzierten Produkte zunächst die ästhetischen Vorlieben der tonangebenden Höfe nach. Dekor, das bis dahin Ergebnis kunstvoller handwerklicher Arbeit gewesen war, wurde nun selbst auf neueste industrielle Erfindungen wie Nähmaschine, Lampe, Telefon und Staubsauger übertragen. Ob Unternehmervilla oder Professorenwohnung, ob Mietskaserne oder Laube, in jedem Haushalt fanden sich historische Versatzstücke wie Blattwerk, Trauben oder Löwenfüße, die sich nur in ihrer mehr oder weniger sorgfältigen Verarbeitung unterschieden[3]. Dieses "Design für alle", die ästhetische Durchgängigkeit durch alle Bevölkerungsschichten, war nicht weniger als ein soziologisches Novum.

DIE KÜCHE DEN DOMESTIKEN

Wie in einem Palast gab es in den neu errichteten wilhelminischen Bürgerhäusern Repräsentationszimmer, die hintereinander angeordnet und durch Flügel- oder Schiebetüren miteinander verbunden waren. Bei Bedarf ergab sich durch die geöffneten Verbindungstüren ein feudaler Ballsaal en miniature. In der Küche hielt sich die Dame des Hauses idealerweise nur auf, um die Zubereitung von Speisen durch das Personal anzuweisen und zu kontrollieren. Das Essen wurde im Speisesalon aufgetragen. Dass ein Gast die Küche zu sehen bekam oder gar in der Küche bewirtet wurde war unvorstellbar. Ganz anders dagegen der proletarische Haushalt. Fünf Personen und

Weiß gekachelte Wände und weißes Porzellan. Nach 1900 kamen helle Küchen auf. Dienstboten im bürgerlichen Haushalt waren damals noch üblich. Weniger Begüterte zelebrierten gerne das Heimchen-am-Herd Idyll.

Neue Rezepte: Mit der Kochmaschine änderten sich auch Ernährungs- und Zubereitungsweisen und das Kochgeschirr (1913). Die hohe Zeit der Kochbücher begann.

mehr auf 35 qm waren keine Seltenheit. Oft war die Küche der hoffnungslos überbelegten Arbeiterwohnungen Koch- und Aufenthaltsraum, Schlafzimmer und Ort von Heimarbeit zugleich.

ANDERS KOCHEN MIT DER KOCHMASCHINE

Erst im letzten Drittel des 19. Jahrhunderts löste die Kochmaschine, ein geschlossener Herd mit Stahlplatten, das bis dahin übliche Kochen am offenen Feuer weitgehend ab. Das Feuer brannte auf Rosten im Innern des gusseisernen Herdgehäuses. Außer Holz konnte nun auch Steinkohle verfeuert werden. Aschenschieber dienten zur bequemen Reinigung. Von einer zentralen Feuerstelle aus konnten mehrere Kochlöcher beheizt werden, indem horizontale Kanäle (Züge) zur Leitung von Heizluft und Flammen eingebaut wurden. Mit der kompakten Kochmaschine gelang es endlich, das Feuer im Inneren zu halten, die Hitze zu verteilen und dennoch genügend Temperatur zum Kochen zu erzeugen. Aus den vom offenen Feuer verrußten, dunklen Küchen wurden nun weiß gefliese Räume, die durch geschlossenes Feuer und kleinere Herdausmaße obendrein mehr Platz boten.

Die Technik der Kochmaschine hatte nicht nur Einfluß auf die Gestaltung von Herd und Küche, sie revolutionierte auch Koch- und Eßgewohnheiten: Mit dem offenen Feuer verschwand der darüber hängende große Kessel, in dem Eintöpfe, Suppen und Breie zubereitet wurden. Stattdessen gab es Platz für kleinere Töpfe und Pfannen, die Fleischspieß und Grillrost ersetzten. Um die auf mehreren Kochmulden verteilte Kochhitze auszunutzen, empfahl sich das Kochen mit mehreren Töpfen.

*Von der Kochmaschine zum platzsparenden Herd.
Gasherd mit kochkistenartigem Fortkocher (1928).*

Statussymbol: Elektrisch beheizte Haushaltgeräte (1928).

*Licht, Luft und Sonne. Um die katastrophalen
Wohnverhältnisse von Arbeitern zu beseitigen, bauten
Gemeinden in den 20er Jahren Siedlungen in Zeilenbauweise.
Die Wohnungen waren klein, doch licht und boten bescheidenen
Komfort. Idealisierte Wohnungseinrichtung mit Frankfurter
Küche, Frankfurt / Main 1926/27.*

So kam es, dass selbst in einfach ausgestatteten Haushalten bald vielerlei Kochgeschirr zu finden war. Platzsparende Kochtopfsätze kamen auf, die aus mehreren ineinander stapelbaren Töpfen unterschiedlicher Größe im einheitlichen Design bestanden. Typische Kesselgerichte wurden verdrängt, und eine Fülle von Kochbüchern machte im 19. Jahrhundert das bürgerliche Publikum mit den Geheimnissen der verfeinerten Küche vertraut. Der Weg zum mehrgängigen Menü war gebahnt [4].

EINE NEUE ÄRA

Mit Erstem Weltkrieg und Russischer Revolution veränderte sich in Europa in nur wenigen Jahren das gesamte gesellschaftliche Gefüge. In Deutschland ging mit dem Kaiserreich der Obrigkeitsstaat unter, und für nicht wenige war auch der Kapitalismus zu Ende. Radikal neues Denken brach sich nach 1918 Bahn und machte auch vor dem Design nicht halt. Eine der tief greifendsten Veränderungen nach dem Zusammenbruch des deutschen Kaiserreichs war ein neues soziales Bewusstsein, das arm und reich nicht länger als vorgegeben voraussetzte. Die katastrophalen hygienischen Bedingungen in den überfüllten Mietskasernen der Industriestädte zu beheben wurde zu einem der wichtigsten Anliegen in der jungen Weimarer Republik. Gemeinden waren nun im großen Stile Bauherren. Überall in Deutschland wirkten die Umwälzungen wie ein Treibhaus auf fortschrittlich eingestellte Künstler und Intellektuelle. Mit Verve widmeten sie sich der Verbesserung proletarischen Lebens.

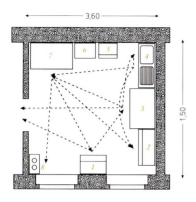 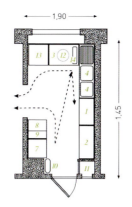

1 Vorratsschrank
2 Topfschrank
3 Arbeitstisch
4 Spülbecken
7 Herd
8 Kochkiste
9 Abstellplatte
10 Heizkörper
11 Müll- und Besenschrank
12 Drehhocker
13 Speiseschrank
14 Abfalleinwurf

Grete Schütte-Lihotzky 1926/27: Vorbild Fließband.
Wegeersparnis in der Frankfurter Küche (rechts) gegenüber einer herkömmlichen Küche.

Auch Arbeiterfamilien sollten nun ihre eigene kleine Wohnung mit Licht, Luft, Sonne, Innentoilette und das eigene Bad haben. Statt Blockrandbebauung um einen dunklen Hinterhof herum, wurden die Siedlungen des so genannten Neuen Bauens in Zeilenbauweise errichtet.

Auch die Inneneinrichtung kam auf den Prüfstand. Ernst May, ab 1924 Frankfurter "Dezernent für das gesamte Hochbauwesen" ordnete an, daß neue Gebrauchsmöbel hergestellt werden mussten. Gestalter Ferdinand Kramer machte sich an die Umsetzung, "da das herkömmliche auf dem Markt angebotene Mobiliar in seiner Dimension und in Form und Zweck nicht mehr in die an Raumzahl und Zimmergröße reduzierten Wohnungen paßte[5]". Einfache, zweckmäßige und leichte Möbel waren die Antwort fortschrittlicher Entwerfer nicht nur in Frankfurt.

EINE FABRIK IN DER WOHNUNG

Auch die traditionelle Küche wurde radikal in Frage gestellt. Im ersten Weltkrieg hatten Frauen zuhause und in den Betrieben "ihren Mann stehen" müssen. Die Frauenbewegung in der Weimarer Republik ermutigte sie, berufstätig zu sein. Um die Hausarbeit auf ein Minimum reduzieren zu können, nahm man arbeitswissenschaftliche Erkenntnisse zur Hilfe. Schon vor 1900 hatten in den USA Frederick W. Taylor und Frank B. Gilbreth verschiedene Handlungsabläufe des Menschen in Einzelaktionen zerteilt und damit den Weg zu maschinenökonomischer Fließband- und Akkordarbeit geebnet. Dieses Prinzip wurde nun auf den Wohnbereich übertragen. Wohnen und Kochen sollten funktional separiert werden wie in einem arbeitsteiligen Fertigungsprozeß. Berühmtestes Beispiel dafür ist die so genannte Frankfurter Küche von Grete Schütte-Lihotzky.

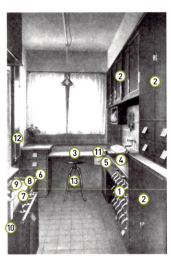

*An der Wand entlang:
Die Frankfurter Küche auf
weniger als 7 Quadratmetern.*

1 *Vorratsschrank*
2 *Topf- und Geschirrschrank*
3 *Arbeitstisch*
4 *Spühlbecken und Abtropfbrett*
5 *Schrank für Putzzeug*
6 *Speiseschrank*
7 *Gasherd*
8 *Kohlenkiste*
9 *Abstellplatte*
10 *Heizkörper*
11 *Rinne für Küchenabfälle*
12 *Bügelbrett*
13 *Drehstuhl*

Fortschritt ist schön. Am bauhaus wurden Technik und Konstruktion nicht mehr versteckt, sondern herausgestellt. Tischleuchte von Wilhelm Wagenfeld und Carl. J. Jucker 1924. Reedition von Tecnolumen.

Nach amerikanischen Studien zur Ökonomie der Laufwege kreierte die Wiener Architektin Arbeitsfelder, die sich an den Wänden entlang orientierten. Der ganze Raum maß nicht mehr als 6,65 Quadratmeter Grundfläche. Der Küchentisch verschwand, und ein moderner, platzsparender Gasherd zog ein. Jeder Winkel wurde mit bestimmten Funktionen in bestimmter Reihenfolge belegt. Zum Beispiel das Spülen: von links nehmen, rechts spülen, nach links ablegen. Aber auch im Detail zeigt sich Schütte-Lihotzkys wohlüberlegte Küchenorganisation. Da gab es einen platzsparenden (Arbeits-)Drehstuhl, leicht zu reinigende Arbeitsflächen, ein herausklappbares Bügelbrett und eine Schublade aus Eichenholz, das Brot vor Wurmbefall schützen sollte. Alles war in hygienisch wirkendem Weiß gehalten. Bis heute ist Schütte-Lihotzkys durchorganisierter Küchenzeilen-Arbeitsplatz das Paradigma für Einbauküchen im sozialen Wohnungsbau.

DAS SCHÖNE MASCHINENPRODUKT

Der radikale Schnitt in Politik und Gesellschaft, der nach dem Ersten Weltkrieg vollzogen wurde, ist auch im Design abzulesen. Zum einen veränderten sich die Themen, mit denen sich fortschrittliche Entwerfer beschäftigten, zum anderen zeigte sich die neue Zeit in einer modernen Ästhetik. Nicht nur am legendären Bauhaus (1919-1933) versuchte man, Leuchten- Möbel- Spielzeug- und Geschirr-Entwürfe für den täglichen Bedarf von Einkommensschwachen zu liefern. Technik, Funktionsweise und Fabrikationsspuren wurden in den 20er Jahren nicht mehr hinter Dekoren versteckt, sondern als Fortschritt akzeptiert und sogar herausgestellt. Funktionalität und Einfachheit wurden zu Forderungen an einen schönen Gegenstand. Bestes Beispiel dafür ist die so genannte

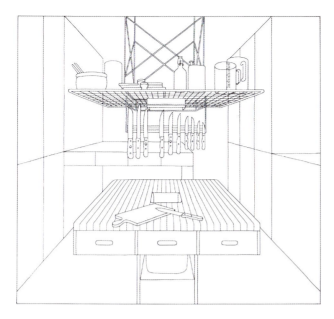

*Profiköchen abgeschaut.
Deckenelement von bulthaup, 1988.
Zeichnung Otl Aicher.*

Wagenfeld-Leuchte von Wilhelm Wagenfeld und Carl J. Jucker. Von vornherein als "billiger, praktischer Leuchtapparat" für die maschinelle Produktion erdacht [n], sind ihre einzelnen Bestandteile sachlich gestaltet und durch stereometrische Formen klar voneinander abgesetzt.

VOM OFFENEN HERD ZUR OFFENEN KÜCHE

Der anhand der Zeitspanne von etwa 1800 bis 1930 gezeigte Zusammenhang zwischen Technik, Wirtschaft, sozialen Entwicklungen und Design gilt selbstverständlich für alle Bereiche der Dingwelt, nicht nur für die Küche. Auch ließen sich die Beispiele für jede Zeit (50er Jahre, 70er Jahre usw.) beliebig fortsetzen.
Zum Schluß des Kapitels soll ein Blick in die jüngste Zeit geworfen werden.

Heute versteht laut einer britischen Studie die Mehrzahl der Jugendlichen in Großbritannien unter "Kochen" das Aufwärmen oder Aufbacken von industriell vorgefertigten Lebensmitteln wie Tiefkühlkost und Foliennahrung. Immer mehr verbringen immer weniger Zeit mit dem Zubereiten von Gerichten. Wichtigste Utensilien in der Küche sind heute Kühlkombination und Backröhre, Toaster und Kaffeemaschine. Zum Säubern des Geschirrs unverzichtbar: die Geschirrspülmaschine. Gemeinsames Essen findet kaum noch statt, oberstes Gebot ist Zeit sparen. Gegessen wird unterwegs. So kommt es nicht von ungefähr, dass als Gegenbewegung gerade das Kochen in einem sozialen Sinn zum hochkultivierten Freizeitvergnügen, ähnlich dem Golfen oder Segeln, geworden ist.

Griffbereit über Kopf. bulthaup bietet platzsparende und arbeitserleichternde Borde an, die über Zubereitungs- oder Kochinseln an der Decke angebracht sind.

Vorbild Gastronomie: Die bulthaup Küchenwerkbank ist ganz aus Edelstahl und wird seit 1988 produziert.

KOCHEN ALS KOMUNIKATIONSFORM

Seinen Anfang nahm diese Entwicklung Ende der 70er Jahre, als einige Unternehmen unter dem Eindruck der alternativen Bewegung über Sinn und Zukunft ihrer Produkte nachdachten. Küchenhersteller bulthaup beauftragte den Designer und Grafiker Otl Aicher, über das Kochen zu reflektieren. Der sah sich bei Profiköchen um, und als Ergebnis entwickelte Aicher das Konzept einer offenen Küche, die ergonomisch optimierte Küchenarbeit mit dem Bedürfnis nach Kommunikation verbindet [7]. In der offenen Küche trifft man sich, um in entspannter Atmosphäre einem gemeinsamen Interesse nachzugehen. Beim passionierten Kochen geht es nicht nur um die Zubereitung von Speisen, sondern auch um ein gemeinsames kreatives und sinnliches Erlebnis.

Aicher gab der Küche nicht nur ihr kommunikatives Zentrum zurück. Die veränderte Auffassung vom Zweck einer Küche zog neuartige Möbel nach sich. Aicher selbst schuf einen Zubereitungstisch mit einem Abfalloch, der in das Zentrum des Raumes gestellt wird. Wie in der Gastronomie kreisen die einzelnen Küchentätigkeiten wie Waschen, Zubereiten, Kochen usw. um diesen quadratischen Tisch. Der Benutzer ist bei jeder Tätigkeit zum Rauminneren gewandt. Er kann so während des Kochens mit anderen kommunizieren, statt isoliert vor einer Wand stehen zu müssen.

Die Beobachtung der Arbeitsabläufe im professionellen Bereich führte 1988 zu der Entwicklung der bulthaup Küchenwerkbank. Komplett aus Edelstahl gefertigt vereint sie auf einer einzigen Fläche die Funktionen Vorbereiten, Waschen, Zubereiten, Kochen und Spülen. Dieser Designklassiker wird noch heute produziert. Profiköchen abgeschaut ist auch das Küchen-Deckenelement: Über dem Arbeitsplatz baumeln griffbereit Kellen, Töpfe, Meßbecher, Essig, Öl oder Kochwein, je nach

Kommunikation statt Küchenarbeit. bulthaup begreift die Küche als Ort der kollektiven Entspannung. links: bulthaup system 20, rechts: bulthaup system 25.

individuellem Bedarf. System 25 (nach einem Planungsraster von 25 mm) war die erste bulthaup-Küche, die Aichers Erkenntnisse umsetzte. Um die belastende Küchenarbeit so angenehm wie möglich zu machen, haben bulthaups Designer Arbeitsflächen in rückenschonende Höhen bis 94 cm entwickelt, Arbeitstiefen von 65 und 75 cm bieten jede Menge Platz. Becken und Abfallsammler sind flächenbündig in die Arbeitsplatten eingearbeitet, und Speisereste bleiben nicht an Kanten kleben. Verschiebbare Schneide-Elemente sind immer da, wo man sie braucht, Rollädenschränke verhindern, daß man sich den Kopf stößt.

Inzwischen zollen Küchenhersteller der wachsenden Mobilität Tribut. bulthaup erweiterte sein bewährtes Konzept um das mobile Küchenwerkstatt-Programm "system 20". Die einzelnen Elemente sind flexibel einsetzbar, von allen vier Seiten ansehnlich und lassen sich je nach Raumsituation immer wieder neu anordnen. Rollbare Küchencontainer ergänzen das System. Bei einem Umzug können die Küchenmöbel den neuen Räumlichkeiten entsprechend variiert werden.

Im zivilisatorischen Wandel der Küche von der Vorratshaltung zum Zeichen für Lebensart zeigt sich, dass technische Innovationen auch immer soziale und kulturelle Wandlungen nach sich ziehen. Die Erfindung des Kühlschranks beispielsweise eröffnete neue Wege der Vorratshaltung und Lagerung, was wiederum Nahrungsauswahl und Eßgewohnheiten beeinflusste. Umgekehrt lösen soziale Umwälzungen einen technischen Innovationsdruck aus. Erfunden und umgesetzt wird dabei nur, was der gesellschaftliche Wandel erfordert. Die alternative Bewegung Ende der 70er Jahre veränderte mit ihrem ökologischen Anspruch nachhal-

FAZIT

Je nach Bedarf. Küchen müssen heute so individuell und variabel wie möglich zusammengestellt werden können. Dazu gehören zahlreiche Oberflächenvarianten, hier Aluminium und Schichtstoffe.

tig das Bewusstsein darüber, welche Nahrung wir zu uns nehmen und wie wir miteinander leben wollen und wurde damit zur Patin von Bioläden und Ökolabels. Auch das kommunikative Konzept der offenen Küche wurde von Otl Aicher nicht zuletzt unter dem Eindruck alternativer Prämissen erdacht. Ohne entsprechenden Bedarf jedoch gäbe es weder Bioläden noch offene Küche.

Quellen:

[1] Otl Aicher: **Die Küche zum Kochen. Das Ende einer Architekturdoktrin.** 5. Aufl. Berlin 1994, S.9

[2] Erna Meyer, in: **Der neue Haushalt.** Stuttgart 1926, S. 13

[3] Gert Selle: **Geschichte des Design in Deutschland.** Frankfurt am Main / New York 1994, S. 66ff.

[4] Margret Tränkle: **Zur Geschichte des Herdes.** In: Michael Andritzky u.a.: **Oikos. Von der Feuerstelle zur Mikrowelle.** Gießen 1992, S. 44f.

[5] Ferdinand Kramer in: Klaus-Jürgen Sembach, Gabriele Leuthäuser, Peter Gössel: **Möbeldesign des 20. Jahrhunderts.** Köln o.J., S. 107

[6] Josef Albers in: Bauhaus Archiv Berlin (Hg.): **Experiment Bauhaus.** Berlin 1988, S. 136

[7] Otl Aicher, s.o., S.56f.

Weitere Literatur (Auswahl):

• W. Abelshauser, A. Faust, D. Petzina: **Deutsche Sozialgeschichte 1914-1945.** München 1985

• Raymond Guidot: **Design.** Stuttgart 1994

• Heinz Hirdina (Hg.): **Das neue Frankfurt, die neue Stadt.** Dresden 1984

• Gerd Kähler (Hg.): **Geschichte des Wohnens 1918-1945.** Stuttgart 1996

• Gerhard A. Ritter, Jürgen Kocka (Hg.): **Deutsche Sozialgeschichte 1870-1914.** 3. Aufl. München 1982

04
PRAXIS
WIE ENTSTEHEN NEUE PRODUKTE?

Die Entwurfsarbeit des Designers folgt meist einem klaren Handlungsmuster. Vom Auftraggeber bekommt der Designer eine Aufgabenbeschreibung, das Briefing. Es beschreibt – laut interner Richtlinien diverser Unternehmen - das genaue Entwurfsthema mit Nennung der Zielgruppe und der anvisierten Preislage des neuen Produkts. Auch Eigenschaften, die die Neukreation haben soll, Herstellungsbedingungen, die es zu beachten gilt und Terminvorgaben finden sich im Briefing. Vielleicht ist sogar etwas über die gewünschte Anmutung zu lesen, etwa ob das neue Produkt also konservativ-gediegen oder jung-dynamisch aussehen soll. Der Designer bekommt nach diesem Modell per Briefing eine klare Handlungsanweisung, quasi eine Liste zum Abhaken.

Nach dem Briefing entstehen vielleicht schon spontane Ideenskizzen. Es folgt die Beschäftigung mit Konkurrenzprodukten, um abzuklären, was schon auf dem Markt ist. Ein nächster Schritt wäre die Analyse von Funktionsweisen und Ästhetik des bereits Vorhandenen. Nachdem der Designer sich über das Produktumfeld informiert hat, arbeitet er an der Konzeption des neuen Produktes, etwa am prinzipiellen Aufbau und den Funktionen des neuen Gegenstandes. Er arbeitet Lösungsvarianten und Details aus. Immer wieder können alternative Lösungen weiterentwickelt und wieder verworfen werden. Der Gestalter entwirft und bewertet so lange, bis schließlich ein bestimmter Entwurf favorisiert, ausgearbeitet und dem Unternehmen präsentiert wird. Entscheidet das Management positiv, geht man an die endgültige Realisierung des Produktes. Der Entwurf wird optimiert und auf die Produktionsbedingungen abgestimmt.

Theoretisch ist also alles ganz klar. Doch ist die Kreation eines Produktes in der Praxis wirklich immer so stringent? Tatsächlich hängt die Zusammenarbeit zwischen Auftraggeber und Designer sehr stark von der Art des Unternehmens ab. Ob es sich etwa um eine große Kapitalgesellschaft mit beinahe bürokratischen Entscheidungswegen handelt, oder um einen mittelständischen, Inhaber geführten Betrieb. Dies wiederum beeinflusst den Entwurfsprozess. Am Beispiel des Polstermöbelherstellers COR ist im Folgenden eine von vielen Möglichkeiten der Zusammenarbeit zwischen Unternehmen und Designern beschrieben.

CORs Produktpalette reicht von Polster-Sitzgruppen und -einzelmöbeln bis hin zu Tischen.

Das mittelständische Familienunternehmen COR besteht seit 1954 und hat sich auf die Herstellung von Polstermöbeln in hoher Ausführungs- und Materialqualität spezialisiert. Mindestens 20 Jahre sollen COR-Produkte in Gebrauch sein. Qualität und Design der Möbel sind dem entsprechend auf Langlebigkeit ausgerichtet. Sein Design versteht das Unternehmen als modern, minimalistisch und relativ streng. COR will kein Retrodesign produzieren, sich also gestalterisch nicht an vergangene Stile anlehnen, sondern den Nerv der Zeit treffen, ohne zeitgeistig zu sein. CORs Produktpalette ist avantgardistisch bis konservativ und hat nicht zuletzt wegen der handwerklich ausgefeilten Qualität ihren Preis. Die Zielgruppe umfasst Personen mit höherem Einkommen, die meist gebildet und mittleren Alters sind.

TEAMWORK UND BAUCHENTSCHEIDUNG

Auch COR hat eine klare Verfahrensanweisung formuliert, die beschreibt, wie der Prozess der Produktentwicklung von der Auftragserteilung an die Designer bis zur Produktionsaufnahme abgewickelt werden soll. In diesem mittelständischen Unternehmen ist Design Chefsache. Daher hat die GESCHÄFTSLEITUNG die Gesamtverantwortung. Sie wählt Designer aus und betreut sie. Bis ein neues Modell schließlich in den Markt eingeführt wird, greifen jedoch noch viele weitere Hände ineinander.

MARKETING und VERTRIEB steuern Marktanalysen bei, denken über den Verkaufspreis nach und beurteilen einen Entwurf nach den Marktchancen. Die Kosten für das neue Produkt müssen zusammengestellt und im Weiteren kontrolliert werden (CONTROLLING). Zusammen mit der Betriebsleitung macht der EINKAUF Vorschläge für die Auswahl der geeigneten Technologie, zeigt

Einblicke in die Fertigung mit ihrem hohen handwerklichen Anteil.

technische und ökologische Alternativen auf und arbeitet mit Lieferanten und Konstruktionsbüros zusammen. Die BETRIEBSLEITUNG beurteilt einen Entwurf nach der Umsetzbarkeit und dem betrieblichen Aufwand. In der Abteilung ENTWICKLUNG / KONSTRUKTION kümmert man sich schließlich um die Umsetzung des Entwurfs in Form von Prototypen bis zur Serienreife. Ökonomische, ökologische und technische Lösungen für die Serienproduktion werden optimiert, schließlich Muster, Vorrichtungen und Schablonen gefertigt. Insgesamt ist das Design eines neuen Produktes also komplexe Teamarbeit.

Bei aller Ausgefeiltheit seien die internen Designprozessvorgaben bei COR "offen gestanden der Idealfall", verrät COR-Geschäftsführer Leo Lübke. Etwa ein halbes Jahr dauere normalerweise die Entwicklung eines neuen COR-Polstermöbels, und jedes Projekt verlaufe völlig anders. Der Entstehungsprozess hänge nicht zuletzt vom Designer ab, mit dem das Unternehmen zusammenarbeitet. Die wichtigste Frage für COR ist in diesem Zusammenhang, welcher Designer zum Unternehmen passt, müssen doch die einzelnen Modelle des Gesamt-Möbelprogramms eine homogene Marke bilden. Die meisten Designer haben eine Handschrift, einen eigenen Stil, und dies will das Unternehmen. Umgekehrt ist COR die Kontinuität des Markenauftrittes wichtig. Der Möbelhersteller traf daher die Entscheidung, mit einigen wenigen Designern zusammenarbeiten. Zweitens braucht es seine Zeit, sich auf die besonderen Herstellungsweisen bei COR einzustellen. Leo Lübke erklärt, Designer neigten dazu, ein Sofa einfach zu zeichnen, Produktionsbedingungen wie etwa Stoffrichtung (Fadenlauf) und Stoffbreite (gewöhnlich 1,40 m) aber nicht einzubeziehen. Auch brauchen beanspruchte Stellen Bewegung, denn Polster seien weich und gäben nach. Armlehnen müs-

"Antes" von Designfriends.

"Fino"-Stühle von Holger Janke.

sten deshalb so genannte Kellerfalten bekommen (buchstäblich im Keller zwischen Sitzfläche und Armlehne tief liegender Stoff).

Für Firmenchef Leo Lübke besteht die Aufgabe im Unternehmen darin, Designern zu vermitteln, welche Ideen produziert werden können und welche nicht. Das Gespür für realistische Polstermöbelentwürfe zu entwickeln, dauere manchmal Jahre. Leo Lübke weiß wovon er spricht, denn er kennt nicht nur die Unternehmensperspektive, er ist auch Diplom-Designer.

Der Weg zu einem guten Polstermöbelentwurf braucht die Auseinandersetzung mit Materialien und Möglichkeiten. Die vorab von Unternehmen zu leistenden Investitionen in Personal und Material sind hoch. Man könnte meinen, dass COR deshalb ausschließlich mit erfahrenen Möbeldesignern zusammenarbeitet. Doch weit gefehlt. Auch junge Designer wie Designfriends und Holger Janke haben Produktentwürfe im COR-Programm. Leo Lübke erklärt das so: "Bei Polsterdesignprofis muss man nicht jedes Mal wieder von vorn beginnen. Doch wir wollen auch junge Talente entdecken und fördern".

Seine Designer findet COR auf verschiedenen Wegen. Oft wird das Unternehmen von Designern angesprochen. Oder der Möbelhersteller selbst sucht sich den passenden. Es kann aber auch passieren, dass Designer selbstinitiativ einen eigenen Entwurf anbieten, im Unternehmen präsentieren und aus dem anschließenden Gespräch das Briefing für etwas anderes entsteht. Fragen, die sich COR hier stellt: Wo sind Lücken in unserer Kollektion, die der neue Entwurf ausfüllen kann? Passt der Entwurf formal und produktionstechnisch zu COR? Für wen ist das Möbel? Für Familien oder Singles? Ist es multifunktional, ein Einzelmöbel, oder kann man daraus ein System machen?

Der COR-Klassiker "Conseta" von Friedrich Wilhelm Möller.

Auch "Arthe" von Prof. Wulf Schneider bietet zahlreiche Variationsmöglichkeiten.

COR-Geschäftsführer Leo Lübke machte immer wieder die Erfahrung, dass langfristig die Modelle den meisten Erfolg hatten, die bei der Markteinführung am umstrittensten waren. Etwa "Conseta", der Longseller von COR. Das erste Möbel der Welt, das unendlich zusammenzustecken und zu addieren war, fiel bei seiner Premiere 1964 mehr oder weniger durch. Oder Polstermöbelprogramm "Arthe", dessen Besonderheit ein Zwischenraum zwischen Lehne und Rücken ist. Heute ein Riesenerfolg, hieß es bei seiner Einführung 2000, das Möbel sei "zu voluminös" und "raumsprengend". "Wir sind Nischenanbieter", sagt Lübke. "Wir machen besondere Sachen, die nicht immer mehrheitsfähig sind. Da muss man überraschen." Daher werden Entscheidungen über neue Produkte oder die Zusammenarbeit mit Designern "oft aus dem Bauch heraus" gefällt, wie etwa bei Peter Maly und dem jungen Studio Vertijet, zwei sehr unterschiedlichen Designpartnern von COR.

CHEMIE UND LANGE LEINE

Peter Maly ist einer der führenden Möbeldesigner Europas. Seit über 30 Jahren arbeitet er auch für COR. Maly schätzt am Hersteller, dass Design dort Chefsache war und ist. An den Beginn der Zusammenarbeit kann er sich noch gut erinnern. Er sei als junger, unbekannter Designer mit einer Idee ganz mutig zum damaligen COR-Geschäftsführer gegangen. "Helmut Lübke hat sich meine Entwurfsskizzen angeschaut und für mich völlig überraschend gesagt: Das machen wir". Auch später entwickelten sich neue Produktideen fast immer aus einem persönlichen Gespräch – ganz ohne Briefing oder Entwicklungsverträge. Nicht selten entdeckte er selbst ein Entwurfsthema und schlug es vor. Oder die Initiative lag bei Cor, etwa: "Was wir brauchen könnten, wäre ein zierlicher, runder Sessel, der überall dazu passt". Dieses Statement und eine vage Skizze waren das ganze

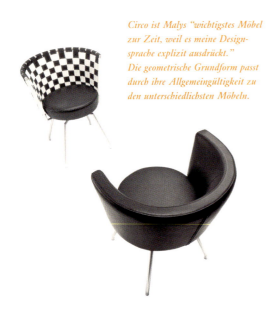

Circo ist Malys "wichtigstes Möbel zur Zeit, weil es meine Designsprache explizit ausdrückt." Die geometrische Grundform passt durch ihre Allgemeingültigkeit zu den unterschiedlichsten Möbeln.

"Nuba" von Studio Vertijet.

Briefing für "Circo". Peter Maly entwickelte die Idee weiter. Ein solcher Sessel musste für ihn kreisrund sein, um richtungslos zu wirken. Aus der Vorstellung eines solchen Aufbaus "ergeben sich Linien, die man verfolgt", so Maly. In einem Pingpong zwischen Unternehmen und Designer entwickelte sich das endgültige Möbel. "Das Wichtigste ist die persönliche Verbindung. Die Chemie muss stimmen", betont der erfahrene Designer. Enge Marketing- oder Briefingvorgaben hält Maly eher für hinderlich: "Für mich ist Entwerfen ein emotionaler Vorgang, der nur gelingt, wenn er nicht mit zu vielen Marketing-Vorgaben belastet ist. Der Designer muss immer die Möglichkeit haben, auch ganz neue Wege zu gehen."

Studio Vertijet, seit 2001 für Cor tätig und mit Teppichprogrammen und drei Möbel-Modellen in der Kollektion vertreten glauben, dass "die Firmen, die auf hohem Niveau produzieren, um die Bedeutung von Design wissen und die Designer laufen lassen." Auch bei Studio Vertijet gab es keine konkreten Briefings, die Aufgaben entstanden im Gespräch mit dem Familienunternehmen. "Weil Design etwas Persönliches hat, müssen persönlicher Kontakt und das Designverständnis stimmen. Und Unternehmen sollten mutig und experimentierfreudig sein. Denn technische Probleme sind immer da", resümiert Steffen Kroll, einer der beiden Designer von Studio Vertijet. Das COR-Sitzmöbelprogramm "Nuba" ist ein solches Beispiel für unternehmerisches Wagnis.

DESIGNIDEEN UND IHRE SCHWIERIGKEITEN

"Wie aus Stein gehauen" sollten die Elemente des Programms "Nuba" aus der Sicht der Designer wirken. Dazu mussten die Flächen ebenmäßig sein,

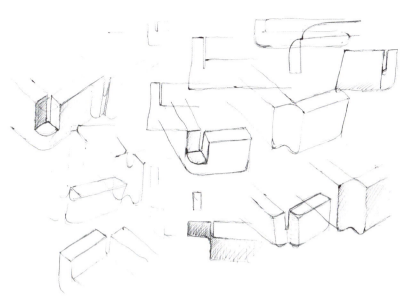

Die technische Funktion soll nicht sichtbar sein. Studio Vertijet will stattdessen "Emotionales" zeigen. "Nuba" soll wie aus einem Block gemacht wirken.

die Kanten geradlinig und scharfkantig wirken. "Das fertige Objekt sollte unbedingt so aussehen wie das erste Modell aus Papier", erklärt Designer Steffen Kroll. Ein Unterfangen, das große technische Schwierigkeiten aufwarf. Damit "Nuba" optisch mit einer gewissen Selbstverständlichkeit als Raumplastik, weniger als Möbel wirkt, mussten die Seitenlehnen organisch in die Form integriert werden. Daher wurden die verschiedenen Polster so entworfen, dass der textile Überzug, die Husse, über das ganze Möbelelement gezogen werden muss. Was einfach klingt, barg in der Umsetzung extreme Anforderungen an die Polstertechnik. Die Raumplastik muss selbstverständlich Sitzqualität bieten und langlebig sein. Das Möbel muss straff und weich zugleich sein und seine ursprüngliche Form behalten. Die Frage etwa, wie und wo die Bewegungsspielraum gebende Kellerfalte untergebracht wird und wie sie ausgeformt ist, beeinflusst den gesamten Entwurf. So wurden im Laufe der Entwicklung mehrfach gewisse Maße verändert, die wiederum neue Sitzhöhen und -tiefen verursachten und entsprechend auch Kellerfalte und Hussenform veränderten. Jedes Mal fertigte die Entwicklungsabteilung einen neuen Prototyp an. Dabei wäre es technisch viel leichter gewesen, die Armlehnen nicht in den Formblock zu integrieren, sondern anzusetzen. Die so entstandene Trennlinie enttäuschte jedoch alle Beteiligten wegen ihrer banalen Wirkung. Das Projekt "Nuba" wurde wegen der Umsetzungsprobleme zwischenzeitlich sogar für gescheitert erklärt. Zu groß erschien die Diskrepanz zwischen der von den Designern gewünschten Form, den technischen Schwierigkeiten und dem vom Unternehmen intendierten Sitzgefühl und -komfort. Am Ende siegte jedoch die Beharrlichkeit aller.

Der Kontrast harte Schale, weicher Kern ist die Grundidee von Nemo. "Ein Sessel mit kleinstmöglichen Außenabmessungen, das war das ganze Briefing", so Peter Maly.

HALTUNG, SENSIBILITÄT UND NEUGIERDE

Bleibt die Frage, welche Eigenschaften ein Designer haben sollte. Neben handfesten Qualitäten wie technischem Verständnis und Materialkenntnissen sollten Designer nicht zuletzt eine verantwortungsbewusste Haltung entwickelt haben. Philippe Starck, der wohl bekannteste lebende Designer, mahnt, dass es heute nicht mehr darum ginge, mehr zu produzieren, um mehr zu verkaufen[28]: "Vordringlich stellt sich die Frage, mit welchem Recht ein Produkt überhaupt existiert. Es ist das Recht und die Aufgabe des Designers, nach der Legitimität des Produktes zu fragen." Das erste Gebot eines Designers müsse lauten, nichts zu tun, was den Menschen schaden kann. Aber Starck sieht auch das sich ergebende grundsätzliche Dilemma des Designers. Lebt dieser doch davon, ständig Neues zu kreieren.

Designer Peter Maly weiß, dass "der Markt voll ist". Dennoch, Maly ist davon überzeugt, dass es noch Spielraum für bessere Produkte gibt. Sein Credo: Materialien sind zu wertvoll, um sie zu verschwenden, deshalb braucht es Produkte, die nicht schnell verbraucht, sondern lange benutzt werden. Malys Haltung spiegelt sich in seinem Stil und seiner Arbeitsweise. Bekannt für seine logisch-geometrische Designsprache, entwickelt er klassisch anmutendes Design "aus dem Kern der Funktion heraus". Er konzentriert sich auf geometrische Konstruktionen mit exakten Radien und klaren Linien: "Wenn es ein Würfel ist, dann ein richtiger Würfel, nicht nur etwas Ähnliches wie ein Würfel." Gleichzeitig suche er "Zeichen, die es so noch nicht gibt". Peter Maly zeigt Konstruktionen oftmals sichtbar und arbeitet gern mit Materialkontrasten. Daraus ergeben sich Maly-typische Designlösungen, die auch nach Jahrzehnten ästhetisch noch unverbraucht wirken und so perfekt seine Haltung verdeutlichen.

Studio Vertijet: "Hob".

"Wenn unsere Produkte einmal dazu beitragen, die Menschen zu sensibilisieren, hätten wir eines unserer Ideale erreicht." Studio Vertijet.

Auch das 1998 gegründete Studio Vertijet hat eine klare Haltung zu seiner gestalterischen Arbeit entwickelt. Die beiden Designer Kirsten Hoppert und Steffen Kroll treibt auch immer wieder die Frage, ob "wir dem Ganzen noch etwas hinfügen sollten bei all den Dingen die es schon gibt". Doch eigentlich verstehen sie "den Wunsch des Menschen nach permanenter Erneuerung als ganz integralen Bestandteil dessen Bewusstseins und Handelns".

Sie selbst wollen "kein universelles Design ohne Ecken und Kanten" abliefern, sondern "emotionale Gebrauchsgegenstände, mit hohem Wert und Bewusstsein". Die beiden Designer verstehen sich dabei ausdrücklich nicht als Dienstleistende. "Wir nennen uns Former und arbeiten eher wie Künstler. Das geistige Auge gibt eine Idee für ein Produkt vor, die wir dann in eine Plastik umsetzen." Oft werden Studio Vertijet durch die Besichtigung der Produktionsstätten inspiriert. Steffen Kroll: "Nur wenn man die Technologie kennt, kann man sie womöglich noch verfeinern". Im Gegensatz zu Peter Malys Vorgehensweise, die Konstruktion, wie etwa beim COR-Möbelprogramm "Nemo" sichtbar zu machen, wollen Studio Vertijet sie nicht zeigen.

Die Designer, die sich nach einem us-amerikanischen Senkrechtstarter benannten, versuchen, durch eine konzeptionelle Herangehensweise zu unkonventionellen Designlösungen zu kommen. Steffen Kroll und Kirsten Hoppert gehen nicht davon aus, "wie ein Stuhl ist, sondern wie man sitzen könnte". Bei einem Stuhl denke man automatisch an vier Beine, Lehne usw. Man habe schon eine fertige Vorstellung im Kopf. Das abstrakte Thema Sitzen biete Spielraum für neue Lösungen. Produktionsökonomische Überlegungen werden in Deutschland für Steffen Kroll noch viel zu wichtig genommen: "Heute noch sollen Dinge immer einfacher sein, weil sie angeblich effizienter zu

Peter Malys "Zyklus" von 1984 schrieb Designgeschichte. Mit seinen Rädern und beinahe nur aus Radien bestehend zelebriert das Sitzmöbel Mobilität.

"Circo Solo" ergänzt die Circo-Produktfamilie von Peter Marly um einen exponierten Einzelsessel.

produzieren sind. Das Thema wird bald ausgereizt sein. In Zukunft wird es immer mehr darum gehen, sensible Produkte zu gestalten, denen man die ökonomischen Überlegungen gerade nicht ansieht."

Um "sensible" Gegenstände kreieren zu können, müssen Designer selbst sensibel sein. Peter Maly ist davon überzeugt, dass ein guter Designer vor allem Stilgefühl und Einfühlungsvermögen brauche. Mancher Gestalter sei heute vielleicht besser als mancher Marketingexperte geeignet, Verbraucherwünsche zu erahnen (die oft in deren Köpfen noch gar nicht explizit existieren), weil er die dafür notwendigen langen Antennen habe. Viel wichtiger sei jedoch, dass Designer spürten, "wohin es sich entwickelt", z.B. das Wohnen. "Ein guter Designer muss nicht darauf warten, dass ihm jemand sagt, was man braucht, er muss es spüren", weiß Maly aus langjähriger Berufserfahrung.

Kirsten Hoppert und Steffen Kroll glauben, Designer seien Verstärker von Signalen, die sie stofflich machen. Obwohl in einem anderen Metier tätig, reflektierten Designer Signale ähnlich wie zeitgenössische Künstler und würden dadurch zu Transformatoren gesellschaftlicher Phänomene. Für Studio Vertijet sollten Designer unbedingt neugierig und voller Pioniergeist sein. "Wir laufen durch die Welt und skizzieren alles, was uns auffällt. Wir können auf Berge von DinA 4-Blättern zurükkgreifen. Wie die Kinder, die fasziniert von der Welt und in ungebremster Kreativität leben."

"Scroll" von Studio Vertijet, hier als Wartemöbel in einer Ausstellung.

Was ist nun also die Kernkompetenz eines Produktdesigners? Nie eine Frage des Werkzeugs, meint Steffen Kroll. Vielmehr sei es das persönliche Profil des Designers, gekoppelt mit der Fähigkeit, künstlerische Aspekte mit den ingenieurstechnischen Aspekten zu verbinden, Plastiken zu erzeugen und die Menschen zu begeistern. Kroll resumiert, der Entwurf müsse konzeptionell und formal überzeugen. Jedes Produkt müsse wie eine Pflanze sein: Man könne sie in beliebige Teile zerschneiden, und immer sei sie phantastisch.

Peter Malys Aussage zur Kernkompetenz: "Ein guter Designer muss die Sensibilität eines Künstlers besitzen, um eine neue Form zu kreieren – und andererseits den langen Atem eines Langstreckenläufers, um diese dann unbeschädigt durch den notwendigen Prozess der Industrialisierung bringen zu können."

Aufgrund seiner Komplexität ist der Designprozess das Ergebnis von verschiedenen Partnern. Neben dem Designer sind zum Beispiel Marketing- und Vertriebsspezialisten, Techniker und Controller beteiligt.

Trotz klarer Design-Verfahrensanweisungen und Marketingrichtlinien läuft die Entstehung eines neuen Produktes fast nie nach "Schema F" ab. Wichtiger noch als ein ausführliches Briefing ist der ständige gegenseitige Austausch zwischen Designer und Unternehmen während des Entstehungsprozesses eines Produktes. Hier kommt es auf die persönlichen Beziehungen zwischen Auftraggeber und Auftragnehmer an.

"Conseta" funktioniert nach dem Baukastenprinzip.

FAZIT Zu den Kernkompetenzen von Designern gehören neben räumlichem Vorstellungsvermögen, technischem Verständnis, Sensibilität für Form, Farben, Material und kommende Trends ebenso Marketingkenntnisse und eine reflektierte Haltung zu ihrem Beruf und ihrer gesellschaftlichen Aufgabe.

Fast immer arbeiten mehrere Designer für ein Unternehmen. Sie sind optimal ausgewählt, wenn ihre unterschiedlichen individuellen Stile zu Unternehmensphilosophie und ästhetischem Anspruch passen. Trotz der scheinbaren Dominanz von produktionstechnischen Vorgaben und Marketingerwägungen werden Entscheidungen über die Auswahl von Designern und neuen Produkten besonders in mittelständischen Betrieben oftmalst intuitiv gefällt.

Die von Designern gewünschte Form, technische Umsetzungsschwierigkeiten und die vom Unternehmen intendierten Ziele unter einen Hut zu bringen, ist ein anspruchsvolles Ziel, dass manchmal mit hoher Reibung verbunden ist und Dialogbereitschaft auf beiden Seiten erfordert.

Quellen:

[1] Die verwendeten Zitate beruhen auf Gesprächen, die die Autorin im Dezember 2002 mit Leo Lübke, Peter Maly und Studio Vertijet führte und auf einem Interview mit Peter Maly im COR-Programm 01/02, S.148 f., das Barbara Friedrich führte.

[2] Philippe Starck, Ed Mae Cooper, Pierre Doze, Sophie Anargyros: **Starck.**
Köln, London, Madrid, New York, Paris, Tokio 2000, S. 408

Weitere Literatur (Auswahl):

• Alex Buck, Matthias Vogt (Hg.): **Peter Maly.** Frankfurt / Main 1998

05 PROGRAMME
WIE SIND PRODUKTE ORGANISIERT?

Die Geschichte des Designs und die der Rationalisierung der industriellen Produktion sind nicht voneinander zu trennen. Denn nicht zuletzt die arbeitsteilige Realisierung der Entwürfe ist ein Hauptcharakteristikum des Produktdesigns.

Als der US-Amerikaner Frederick Taylor um 1880 begann, über Fabrikarbeit zu forschen, war der industrielle Fertigungsprozess zwar arbeitsteilig organisiert, doch alles andere als effizient[1]. Taylor stellte fest, dass unnötige Bewegungen und schlecht gestaltete Werkzeuge die Anstrengungen der Arbeiter fehlleiteten und so eine wirtschaftliche Fertigung behinderten. Er gewann die Überzeugung, wenn diese Dinge überarbeitet und Arbeiter gleichzeitig in effektiver Arbeit unterrichtet würden, dann wäre ihr Output und damit der Unternehmensprofit weitaus größer. Für den Wissenschaftler stand fest, dass es für jede Tätigkeit eine optimale Arbeitsweise gäbe und dass es die Pflicht der Unternehmer sei, diesen bestmöglichen Weg zu finden. Taylor setzte dabei voraus, dass Arbeitsprozesse in Einzelaktionen zerlegt werden müssten. Denn kein Arbeiter, so sein Argument, könne den optimalen Arbeitsausstoß erreichen, wenn er zu viele verschiedene Arbeitsgänge ausführen muss. Er solle sich darum nur noch auf eine einzige Aktion konzentrieren. Die solchermaßen selektierten Arbeitsabläufe wurden nun hintereinander angeordnet. Taylors Rationalisierungsvorschläge sollten als Taylorismus mit all ihren produktionssteigernden und psychisch wie physisch fatalen Folgen Berühmtheit erlangen. Und noch heute ist das von Taylor abgeleitete Fließband Bestandteil der industriellen Montage.

Die Ur-"Lizzy". Fords "Modell T", anfangs mit Stoffverdeck und ohne Seitenscheiben, war das erste Massenautomobil und bekam schon bald den Kosenamen "Lizzy".

Immer in Schwarz. Im Laufe der Zeit entfernte sich "Modell T" vom ästhetischen Vorbild Kutschwagen und prägte autotypische Formen aus.

ORGANISATIONSPRINZIP RATIONALISIERUNG

Obwohl Frederick Taylor seine "Prinzipien des Wissenschaftlichen Organisierens" erst 1911 veröffentlichte, waren seine Thesen schon um die Jahrhundertwende bekannt. Auch Unternehmer Henry Ford wusste von Taylors Forschungen, als er sich Anfang des 19. Jahrhunderts in Detroit daran machte, ein Automobil zu konstruieren, dass nicht - wie bis dahin üblich - nur Betuchte kaufen konnten. Sein Gefährt sollte für jedermann produziert werden [2]. Von vornherein hatte er genaue Vorstellungen von seinem Massenautomobil. Die erste vollständige Eigenkonstruktion der 1903 gegründeten Ford Motor Company sollte zugleich preisgünstig und mit einem ausreichend kräftigen Motor ausgestattet sein. Das Material sollte so hochwertig und robust sein, dass das Automobil Amerikas damals in der Regel noch recht holprige Wegestrassen möglichst lange überlebte.

Aus dem Stand machte Fords Idee Furore. Die erste Version dieses 1909 vorgestellten "Modell T" wurde zunächst mit Stoffverdeck und ohne Seitenscheiben produziert und hatte zwei Vorwärtsgänge und einen Rückwärtsgang. Bald jedoch gab es "Modell T" auch als Cabrio, als Coupé und als geräumigen Touring Car. Die Nachfrage nach "Modell T" war so groß, dass die Ford Motor Company bereits 1910, nicht ganz zwei Jahre nach der Präsentation des auch "Lizzy" genannten Modells, eine neue weitläufige Fabrik erbauen ließ. Um die explodierende Nachfrage befriedigen zu können, griff Ford auf Taylors Forschungen zurück und führte ab 1913 erst teilweise, dann im ganzen Unternehmen das Fließband ein. Wurde das Modell zuvor von Arbeitergruppen an einem bestimmten Platz zusammengebaut, zogen die Einzelteile nun auf einem Gleitband an den Arbeitern vorbei und

 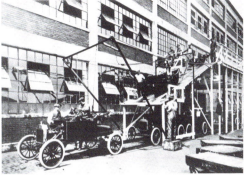

Das Band gibt den Takt vor. Statt das ganze Auto in Arbeitsgruppen an einem festen Platz zusammenzubauen, hatte jeder Arbeiter am Fließband immer gleiche Aufgabenfragmente zu erledigen.

wurden Stück für Stück montiert. Der gesamte Produktionsprozess war fortan der Prämisse der stockungsfreien Zirkulation unterworfen. Tatsächlich zog das Fließband eine enorme Produktivitätssteigerung nach sich. Gleichzeitig konnte der Verkaufspreis immer weiter gesenkt werden. Wurden 1909 14000 Wagen produziert, waren es 1916 bereits 585000. Der Verkaufpreis sank von 950 auf 360 US-Dollar. Als die Produktion 1926 eingestellt wurde, waren 15 Millionen Exemplare des einzig in der Farbe Schwarz angebotenen Automobils hergestellt worden.

STANDARDISIERUNG, TYPISIERUNG UND NORMUNG

Neben rationalisierten Produktionsmethoden waren Standardisierung und hohe Fertigungsgenauigkeit der Werkstücke weitere Voraussetzungen für die Massenproduktion (siehe Kapitel 1). Festgelegte, also genormte Abmessungen der Werkzeuge und Maschinen und eine beständige Materialqualität gewährleisteten, dass die oft separat produzierten Einzelteile zueinander passten und damit zu montieren waren. Im späteren Gebrauch konnten sie als Ersatzteile ausgetauscht werden. Die gewünschten Teile brauchten lediglich aus einem Katalog nachbestellt zu werden.

Schon Henry Ford hatte erkannt, dass sich mit wenigen Produkttypen (Coupé, Cabrio etc.), bei denen lediglich einzelne Elemente des Ganzen variierten, mit wenig Aufwand vielfältige Kundenwünsche erfüllen ließen. Dennoch dauerte es Jahrzehnte, bis die Prinzipien von Rationalisierung, Normierung, Standardisierung und Typisierung zum produktionstechnischen Allgemeingut wurden. Bis heute ist ihre Verfeinerung noch lange nicht abgeschlossen.

*Typen für die Massenproduktion. Variationen von Theodor Boglers
Teekannen aus Steinzeug, 1923.*

Kombinationsteekanne mit umflochtenen Bronzebügel.

*Kombinationsteekanne mit exzentrischer
Eingussöffnung und rückseitigem Henkel.*

Teeextraktkännchen mit seitlichem Röhrengriff.

Hatten noch am Anfang des letzten Jahrhunderts die Kritiker gegen industrielle Massenproduktion die Meinungsmehrheit, so begann sich um 1920 eine wahre Maschinenbegeisterung durchzusetzen. Industrie stand für Fortschritt. Die Maschine wurde von vielen als Möglichkeit gesehen, ärmere Bevölkerungsschichten mit erschwinglichen Gütern zu versorgen. Auch das 1919 in Weimar gegründete, heute legendäre Bauhaus beschäftigte sich mit der Produktion für den Massenbedarf, so dass selbst in der traditionell kunsthandwerklich orientierten Keramikwerkstatt des Bauhauses Lehrende und Studenten mit Möglichkeiten der rationellen Fertigung wie dem Baukastensystem experimentierten. Einzelne Bauteile sollten unterschiedlich miteinander kombiniert werden und so Variantenreichtum mit Hilfe weniger Teile erreichen. Bestes Beispiel sind die Arbeiten von Theodor Bogler, der 1922 seine Gesellenprüfung am Bauhaus abgelegt hatte [3]. Ein Besuch der "Steingutfabriken Velten-Vordamm" ein Jahr später gab ihm erste Einblicke in den industrialisierten keramischen Fertigungsprozess. Wurde in der Bauhaus-Keramikwerkstatt bislang nur mit der Drehscheibe gearbeitet, machte Bogler sich in Velten-Vordamm insbesondere mit der Serienproduktion im Gießverfahren vertraut. Die dortigen Eindrücke inspirierten ihn zu seiner wohl berühmtesten Entwurfsserie, den verschiedenen Modellen seiner Kombinationsteekanne. Bogler zerlegte den Archetypus Teekanne in die Einzelelemente Korpus, Einguss, Tülle und Henkel und reduzierte sie auf stereometrische Grundformen. Für eine "fabrikmäßige Massenausformung" [4] deklinierte er die verschiedenen Kombinationsmöglichkeiten der geschaffenen Bausteine konsequent durch. Alle Elemente wurden einzeln gegossen und in einem zweiten Schritt in unterschiedlichen Kombinationen zusammengesetzt. Mit wenigen Grundelementen entstanden so zahlreiche Kannenvarianten.

*Hotelstapelgeschirr TC 100 von Hans (Nick) Roericht.
Diplomarbeit 1958/59 für Fa. Thomas / Rosenthal AG.*

SYSTEMDESIGN UND MEHRFACHNUTZUNG

Knapp 30 Jahre später überwogen vor allem für eine junge Generation die positiven Möglichkeiten des technischen Fortschritts. Auch die in Deutschland impulsgebende Hochschule für Gestaltung Ulm (hfg ulm) bejahte den industriellen Produktionsprozess und verschrieb sich in ihrem Programm von 1951 unter anderem der Zuarbeit für die Industrie. Studierende sollten darin lernen, ihre eigene Arbeit "in das Wirtschaftganze einzubeziehen und nach ihren wirtschaftlichen Funktionen zu gestalten"[5]. Kein Wunder, dass sich Studenten wie Dozenten mit der Frage beschäftigten, wie die maschinelle Serienfertigung durch entsprechende Gestaltung weiter perfektioniert werden könne. Favorisierte Lösung: das Systemdesign. In der HfG-Abteilung "Industrielles Bauen" entstanden so vorgefertigte Baukörper und normierte Verbindungskonstruktionen. Die Abteilung Produktgestaltung gestaltete Möbelsysteme in Plattenbauweise, HiFi-Baukastensysteme, ja sogar normierte Sanitärblöcke, immer unter der Prämisse der rationellen Fertigung und möglichst ungegrenzter Varianz. Den Systemgedanken übertrug Student Hans (Nick) Roericht 1958/59 in seiner Diplomarbeit auf die Geschirrgestaltung, in dem er ein - bis dahin unüblich - stapelbares Hotelgeschirr schuf. Roericht bereinigte das Geschirrsortiment auf wenige Teile und wies diesen Mehrfachfunktionen zu: Untersetzer konnten zugleich als Deckel verwendet werden, tiefe Schalen ließen sich als Zuckerdosen ebenso gut wie als Suppentassen verwenden. Der hektische Gastronomiebetrieb wurde auf diese Weise extrem vereinfacht.

Gira-Flächenschalterprogamm in vier Farben, 1996.

PROGRAMM, SYSTEM UND PLATTFORMSTRATEGIE

Die Rationalisierung des industriellen Fertigungsprozesses durch standardisierte Bauteile oder Module zu Produktsystemen hat also eine lange Tradition, und bis heute wird die Bauteile-Bereinigung immer weiter perfektioniert. Exemplarisch ist im Folgenden das mittelständische Unternehmen Gira, ein Hersteller von Elektro-Installationssystemen.

1905 gegrundet produzierte Gira zunächst Kippschalter und Sicherungselemente. Heute reicht Giras Angebot über einfache Lichtschalter und SCHUKO-Steckdosen weit hinaus. Mikroelektronik macht es möglich, per Bildübertragung zu wissen, wer vor der Tür steht, und via Wap-Mobiltelefon von unterwegs in die Haustechnik einzugreifen. Oder mittels USB- oder Western-Buchse auf der Terrasse zeitlich unbegrenzt im Freien mit dem Laptop zu arbeiten.

1998 überarbeitete das Unternehmen sein Produktsortiment in Richtung konsequentes Systemdesign, um zum einen Kosten für Lagerung und Logistik einzusparen, zum anderen eine größere Produktauswahl anbieten zu können. Die einzelnen Geräte sind jeweils aus Unterteil (verschwindet in herkömmlichen Unterputzdosen) und Abdeckung mit Rahmen kombiniert. Sie können sortenrein recycelt werden. Gira konzentriert sich auf wenige Schalterprogramme, die ihrerseits in Produktsysteme eingebunden sind. Das Unternehmen bezeichnet dieses Systemdesign als Plattform-Strategie. Das heißt, dass ähnlich wie im heutigen Automobilbau auf eine bestimmte Grund-Plattform verschiedene Programmvarianten gebracht werden können.

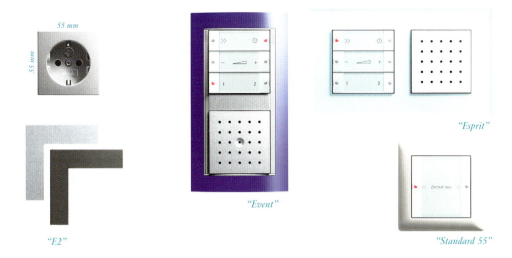

"E2"   *"Event"*   *"Esprit"*   *"Standard 55"*

Programme + Einsatz = System.
Namensgeber des Gira "System 55" war das Innenmaß der Zentraleinsätze.

Das 1998 neu eingeführte Gira "System 55" etwa dient mit seinen mehr als 180 verschiedenen Zentraleinsätzen in drei zur Auswahl stehenden Farben als Plattform für die vier unterschiedlich gestalteten Schalterprogramme "Standard 55", "E2", "Event" und "Esprit". Von der SCHUKO-Steckdose über integrierte Kindersicherungen und über Telefonanschlüsse bis hin zu Unterputz-Radios reicht die Auswahl. Die vier Schalterprogramme sind in diversen Material- und Farbvarianten erhältlich. Insgesamt ergeben sich mit den Einsätzen aus "System 55" plus den Rahmenprogrammen "Standard 55", "E2", "Event" und "Esprit" mehrere tausend verschiedene Kombinationen, die ein breites Spektrum an ästhetischer Varianz bieten.

    Soll der Rahmen, etwa aus Geschmacksgründen, später verändert werden, lassen sich die entsprechenden Rahmen und Abdeckungen leicht austauschen. In Verbindung mit dem Schalterprogramm TX_44 können die Funktionen aus dem "System 55" unter anderem auch in den Außenbereich übertragen werden. Dies wird durch gleichen Modulaufbau möglich.

    Zum Vergleich sei das Schaltersystem Gira "S-Color" von 1985 genannt, das nach wie vor im Angebot ist. Es umfasst mehr als 100 Elemente wie etwa Rahmen, Abdeckungen, Tastsensoren, Deckel, Drehschalter usw. Jedes Rahmen- und Einsatzmodul ist in acht Farben erhältlich. Insgesamt ergeben sich daraus cirka 800 verschiedene Produkte. "S-Color" ist ein eigenständiges System. Es kann nicht mit anderen Gira-Programmen kombiniert werden. Wenige, nicht kompatible Systeme aber erfordern unter Umständen noch mehr logistischen Aufwand als eine intelligente Plattform- oder Systemstruktur.

Acht Farben für ein System. Mit dem Gira "S-Color System" sind etwa 800 verschiedene Produkte möglich.

1995 wurde bei Gira eine neue Schaltergeneration parallel zu einer neuen Schaltermontagestrasse entwickelt. Damit sie effizient arbeitet, wurde die Anzahl der Schalterbauteile erheblich reduziert. Die Schalter werden nun auf einer Montagestrasse computergesteuert "zusammengesteckt" und nach jedem Fertigungsschritt vollautomatisch kontrolliert. Die Programmierung und das Zuführen der benötigten Einzelteile bleibt Aufgabe der Mitarbeiter. Frederick Taylors Fließbandeffizienz ist heute mehr und mehr Robotern vorbehalten.

FAZIT Die Geschichte des Designs ist immer auch eine Geschichte der Organisation des industriellen Fertigungsprozesses. Denn Design ist per definitionem an einen arbeitsteiligen Prozess geknüpft, in dem der Designer den Entwurf liefert. Voraussetzungen für das arbeitsteilige Produzieren ist eine rationalisierte Fertigung. Dies bedeutet, dass sowohl der Arbeitsablauf als auch die herzustellenden Produkte für die Bedingungen der seriellen Fertigung organisiert werden müssen. Bei allem kreativen Spielraum müssen Designer die Art der Fertigung in ihren Entwurf einbeziehen.

Um montierbare bzw. später austauschbare Bauteile herstellen zu können, werden Maschinen und Werkzeuge benötigt, die gleich bleibend passgenau produzieren. Sie müssen daher ihrerseits fertigungsgenau, robust, verschleißarm und materialbeständig sein. Zweitens müssen ihre Abmessungen und Zubehörteile normiert sein, und zwar möglichst nicht nur firmenintern, sondern günstigstenfalls nach internationalen Standards.

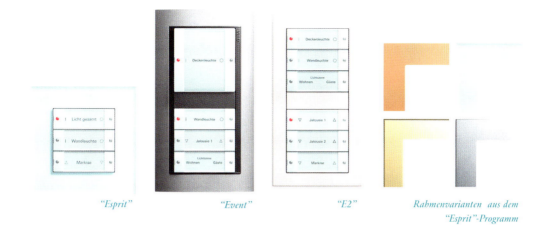

"Esprit" "Event" "E2" Rahmenvarianten aus dem "Esprit"-Programm

Wenige Typen, viele Möglichkeiten. Je nach Rahmen bekommen Tastsensoren unterschiedliche Anmutungen, etwa nüchtern-technoid, repräsentativ, kühle Eleganz und Country Style.

Weil ein großes Produktsortiment eine entsprechende Anzahl an Fertigungsmaschinen, Werkzeugen und Lagerhaltung braucht, und hohe Stückzahlen die relativen Herstellungskosten pro Produkt verbilligen, streben die meisten Unternehmen danach, mit möglichst wenigen unterschiedlichen Bauteilen ein größtmögliches Produktsortiment zu fertigen. Hier bieten sich Systemdesign, Typisierung und Mehrfachnutzungen an.

Systemdesign funktioniert nach dem Baukastenprinzip. Das heißt, einzelne Bauteile können immer wieder anders miteinander kombiniert werden, so dass Variantenreichtum mit Hilfe weniger Teile erreicht wird. Das Baukastenprinzip kann innerhalb eines Produkts, einer Produktserie oder -familie und innerhalb eines Produktsystems, wo unterschiedliche Serien untereinander kompatibel sind, angewendet werden. Vor allem in der heutigen Automobilindustrie lässt sich eine Spielart des Baukastenprinzips, die Plattformbauweise ausmachen: Auf Basis einer immer gleichen Grundplattform werden verschiedene Produkttypen wie Fünftürer, Sportwagen oder Van mit unterschiedlichen Ausstattungen und Motoren montiert.

Schließlich lassen sich Funktionen zusammenfassen und auf ein Produkt vereinen, so dass Unternehmen nur ein Produkt für mehrere Zwecke vorhalten müssen.

Kompatibel. Das Gira-Schalterprogramm "TX_44" für Außen und Innen läßt sich mit Funktionen aus "System 55" kombinieren.

Quellen:

[1] Adrian Forty: **Objects of Desire.** Design and Society since 1750. New York 1992, S.122f.

[2] Volker Albus, Reyer Kras, Jonathan M. Woodham (Hg.): **Design! Das 20. Jahrhundert.** München, London, New York o.J., S.22

[3] Klaus Weber (Hg.) für das Bauhaus-Archiv: **Keramik und Bauhaus.** Berlin 1989, S. 60

[4] ebd., S. 61

[5] Eva von Seckendorff: **Die Hochschule für Gestaltung in Ulm.** Gründung (1949-1953) und Ära Max Bill (1953-1957). Marburg 1989, S.44

Weitere Literatur (Auswahl):

- Bauhaus-Archiv Museum für Gestaltung (Hg.): **Experiment Bauhaus.** Berlin 1988
- Bauhaus-Archiv Museum für Gestaltung (Hg.), Magdalena Droste: **Bauhaus 1919-1933.** Köln 1990
- Jeannine Fiedler, Peter Feierabend (Hg.): **Bauhaus.** Köln 1999
- FSB, GIRA, KEUCO, SSS Siedle (Hg.): **Berührungspunkte.** Dortmund 2000
- Raymond Guidot: **Design.** Stuttgart 1994
- Herbert Lindinger (Hg.): **ulm... Die Moral der Gegenstände.** Berlin 1991, 2. Aufl.
- Monte von DuMont (Hg.): **Auf einen Blick: Design.** Von der industriellen Revolution bis zum 21. Jahrhundert. Köln 2001
- Wolfgang Schepers, Peter Schmitt (Hg.): **Das Jahrhundert des Designs.** Geschichte und Zukunft der Dinge. Frankfurt am Main 2000
- Penny Sparke: **Design im 20. Jahrhundert.** Die Eroberung des Alltags durch die Kunst. Stuttgart 1999

06 KONTEXT
WIE IST DESIGN VERNETZT?

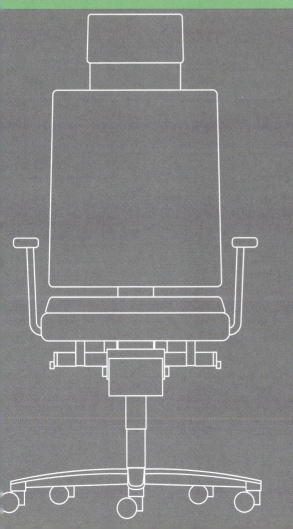

Produkte stehen nie für sich allein, sondern sind komplex vernetzt. Ähnlich konzentrischer Ringe lassen sich vom Gegenstand ausgehend immer weitere Kreise ziehen, will man die unterschiedlichen Beziehungen eines Produktes beschreiben. So stehen die Einzelteile eines Objekts untereinander in Zusammenhang, und das Produkt hat Wechselwirkungen auf sein Umfeld. Nicht zuletzt bezieht es sich auf den Nutzer. Produktgestaltung ist damit letztlich Prozessgestaltung, die den Umgang der Menschen mit den Dingen, aber auch den Umgang untereinander beeinflusst. Einige Designbeziehungen werden im Folgenden anhand des Büromöbelherstellers Wilkhahn beleuchtet.

Statt vieler Hebel "bewegtes Sitzen".
Die FS-Linie wird seit 1980 von Wilkhahn produziert.

MEHR ALS DIE SUMME DER EINZELTEILE

Die meisten Produkte setzen sich aus einzelnen Teilen zusammen, die wiederum in Beziehung zueinander stehen. Als Beispiel soll hier der FS-Bürostuhl dienen. Wilkhahns "FS-Linie" ist seit 1980 auf dem Markt und darf mit 1,8 Millionen verkauften Stühlen längst als ein Designklassiker gelten. Damals allerdings betraten die beiden verantwortlichen Designer Klaus Franck und Werner Sauer gestalterisches Neuland. Die gängigen Bürostühle waren seinerzeit mehr oder weniger Sitzmaschinen mit zahlreichen Bedienungselementen wie Hebeln, Stellrädern, Knebeln und Knöpfen. Noch die kleinste Veränderung in Neigung, Stellwinkel, Lehnenandruck etc. ließ sich individuell einstellen. Allerdings war kaum ein Benutzer dazu in der Lage, seinen Stuhl optimal oder auch nur geeignet einzustellen. Das Ergebnis waren mangelhaft angepasste Stühle, die nicht selten die gesundheitlichen Probleme verursachten, die sie ursprünglich gerade verhindern sollten.

Nach intensiven Studien und Versuchsreihen entwickelten Franck und Sauer einen innovativen Stuhl, der die Büromöbel-Landschaft verändern sollte. Ausgangsüberlegung war die Annahme, dass natürliche Beweglichkeit die beste Möglichkeit sei, "Sitzkrankheiten" zu vermeiden. Der FS-Bürostuhl basierte statt auf komplizierten Mechanismen auf einem einfachen kinetischen Prinzip: Die Sitzschale ist in der Beuge so flexibel, dass sich der Winkel von Sitz und Rückenlehne analog zum Körperwinkel des Benutzers beim Vor- oder Zurückbeugen federnd ändern kann und so den wichtigen Haltungswechsel fördert. Der Stuhl stellt sich dadurch selbsttätig auf jede Veränderung der Sitzposition ein und passt sich durch die Eigenflexibilität der Sitzschale unterschiedlichen Kör-

Die Schwenkarme des FS sind nicht nur konstruktiv notwendig, sondern auch ästhetisches Element.

Aufs Notwendigste reduziert. Die Verstellmöglichkeiten des FS-Arbeitsstuhles.

Produktdetails wie Armlehnen und Sitzschale sind durch Material und Form in einen engen gestalterischen Zusammenhang gebracht.

performen selbsttätig an[1]. Diese Kombination aus Synchronautomatik und Anpassung ermöglicht "dynamisches Sitzen". Es wird durch Schwenkarme, die seitlich zwischen dem Sockel und der Rückenlehne verlaufen, gesteuert. Der Benutzer braucht lediglich die Sitzhöhe anzupassen und die Federhärte stufenlos einzustellen. (Die zusätzliche Arretierungsmöglichkeit in der vorderen Position ist vom Gesetzgeber vorgeschrieben). Fehleinstellungen lassen so sich leicht korrigieren.

Die Bestandteile des FS-Stuhles wie Rollen, Fuß, Sitz oder Armlehne stehen im Kontext zueinander. Sie müssen so gestaltet sein, dass sie als Einzelteile klar lesbar, also erkennbar sind und dennoch in einer ästhetischen Verbindung zu den weiteren Produktdetails stehen. Die Armlehen des FS-Stuhles etwa sind aus widerstandsfähigem Polypropylen, in den Farben Schwarz, Grafit oder Platin durchgefärbt. Um einen optischen Zusammenhang zu erzeugen, werden auch die Sitzschalen in denselben Farbtönen und Anmutungen gefertigt, das Fußkreuz und die Rollen farblich angepasst.

Zweites Beispiel sind die Schwenkarme, die seitlich zwischen dem Sockel und der Rückenlehne verlaufen. Sie sind als hervorstehendes, klar abgesetztes Detail gleichzeitig ein markantes Gestaltungsmerkmal der FS-Linie. Statt die technische Konstruktion zu verstecken, legten sie die Designer offen. So wird die Konstruktion zum ästhetischen Element. Diese ist auf das Erscheinungsbild des Gesamtprodukts abgestimmt.

Tausend und eine Möglichkeit. Je nach Ausstattung, Geschmack und individuellem Arbeitsstil kann das Designumfeld stark variieren.

PRODUKT UND UMFELD

Ebenso wie die einzelnen Elemente des Bürostuhls zueinander in Beziehung stehen, steht dieser in Verbindung zu seinem Umfeld. Etwa zum Schreibtisch, wo weitere Produkte wie Telefon, Computer, Stifte, Akten und dergleichen versammelt sind. Das Makroumfeld Arbeitsplatz bildet so zahlreiche "Kooperationen": Licht soll den Arbeitsplatz optimal beleuchten, Abfall muss gesammelt, Dokumente sollen bearbeitet und Papiere aufbewahrt werden. Dies bedeutet Leuchten, Papierkörbe, Stauraummöbel und dergleichen mit ihrem spezifischen Design. Je angeglichener die Gesamtästhetik der einzelnen Elemente untereinander ist, desto beruhigter und damit störungsfreier wird das Arbeitsumfeld sein. Dabei hat der Arbeitsort großen Einfluss auf die Wahl der einzelnen Produkte. Handelt es sich etwa um ein Großraumbüro, fällt die Ästhetik des Umfeldes anders aus als bei einem Home Office, wo wohnliche Aspekte naturgemäß im Vordergrund stehen. Auch ein Loft wird anders eingerichtet sein als eine Bürozelle.

KONTEXT UMWELT

Weil Design oftmals ein expliziter Teil der Unternehmensphilosophie ist, wirken Unternehmenskultur und -haltung unmittelbar auf Gestaltungslösungen und ihre Ästhetik (siehe Kapitel 7). Bei Wilkhahn ist man sich sicher, "dass Produktdesign, Führungsstil, Mitarbeiterbeteiligung, Gebäudearchitektur und die ökologische Ausrichtung ineinander greifen [2]." Die Wurzeln dieser Haltung stammen aus den 50er Jah-

*Beitrag zur nachhaltigen Wirtschaft.
Die FS-Linie kann variantenreich "modernisiert" werden.*

*Sortenreines Recycling. Wilkhahn erster
"Öko-Stuhl" nach einem umweltschonenden
Designkonzept, 1991.*

ren, als Fritz Hahne, Ende der 40er Jahre bis 1980 Firmenlenker des Büromöbelherstellers, nach eigener Aussage "unternehmerische Sinnstiftung" suchte. Die fand er in den Maximen der damals neu gegründeten Hochschule für Gestaltung Ulm, etwa in dem Vorsatz, dauerhafte Güter zu produzieren, deren Gebrauchswert zu erhöhen und die Verschwendung zu reduzieren. Wilkhahn machte sich die moralischen Prinzipien der heute legendären Hochschule zu Eigen. Erst wenn ein Produkt eine echte Verbesserung im Gebrauch biete und einen neuen, formal und funktional langlebigen Standard setze, seien Entwicklung und Produktion gerechtfertigt [3]. Entsprechend stehen Wilkhahns Produkte im direkten Kontext zur Designauffassung des Unternehmens. Seit Mitte der 80er Jahre gehört auch ökologisch verantwortliches Handeln dazu. Das Stuhlprogramm "Picto" etwa ist nicht nur ebenso langlebig ausgelegt wie alle anderen Wilkhahn-Produkte, sondern versteht sich durch seine reparaturfreundliche Konstruktion, die Verwendung von sortenreinen Materialien und den weitestgehenden Ersatz ökologisch problematischer Stoffe als ein Beitrag zur ökologischen Nachhaltigkeit. In diesem Sinne kann auch der Longseller "FS-Linie" seit jeher mit neuen Sitzschalen nachgerüstet werden, und seit Juni 2002 haben FS-Kunden die Möglichkeit, bestehende Modelle technisch und optisch auf den neuesten Stand zu bringen. Hintergrund dieser Aktion ist die betriebswirtschaftliche Überlegung, in rezessiven Zeiten mehr Dienstleistung statt mehr Produktion anzubieten, weil das Geld für Neuanschaffungen knapp ist und Bestehendes eher erhalten wird. Und das nutzt nicht zuletzt der Umwelt.

Ein Hersteller mit Verantwortungsbewußtsein.
Wilkhahns ökologisch orientiertes Unternehmenskonzept wurde auch in der Firmenarchitektur angewandt.

IDEALISMUS UND DESIGN

Seit den 50er Jahren formuliert Wilkhahn einen umfassenden moralischen Anspruch. Dieser geht mit einem Menschenideal einher, das von gegenseitiger Achtung, Mitbestimmung zur Selbstverwirklichung und vom Streben nach sozialer Gerechtigkeit geprägt ist. So beteiligte Wilkhahn von 1971 bis 1998 seine Mitarbeiter zu 50 Prozent am Unternehmensgewinn. Heute sind rund 3,2 Mio. EUR Gesellschafterkapital in den Händen aktiver und ehemaliger Mitarbeiter. Nach und nach wurde auch die traditionelle hierarchische Unternehmensstruktur verflacht und Gruppen- und Projektarbeit und flexible Arbeitszeiten zwischen 6.00 Uhr morgens und 22.00 Uhr abends eingeführt.

Wilkhahn ist davon überzeugt, dass langfristig zuallererst die Glaubwürdigkeit eines Unternehmens über Akzeptanz und Erfolg entscheiden wird. Darunter versteht der Hersteller die Übereinstimmung von Produktgestaltung, Fairness in der Zusammenarbeit und ökologischer Verantwortung. Ein rein ökonomisch ausgerichtetes Unternehmen würde die Probleme der Welt nur verschärfen[4]. Damit steht der Hersteller auch in der Tradition der englischen Sozialreformer William Morris und John Ruskin, die Mitte des 19. Jahrhunderts gegen die Entfremdung im Herstellungsprozess kämpften.

STRUKTUR STATT DETAIL

Ebenso wie eine bestimmte Unternehmensphilosophie Einfluss auf Markenimage und Produktgestaltung hat, bestimmen Arbeitsethos und Vorgehensweise von Designern deren Problemlösungen. Der Schweizer Stadtsoziologe Lucius Burckhardt bricht in diesem Zusammenhang eine Lanze dafür, in integrierten

Konzeptionelle Herangehensweise. Das Designbüro 'Martini, Meyer' entwarf Raumsituationen für die Postproduktionsfirma 'Das Werk AG', dessen Metier die digitale Bildbearbeitung ist.

Komplexen zu denken, anstatt Einzellösungen zu finden, die die zugrunde liegende Problemstruktur unangetastet lassen [5]. Er kritisiert, Designer teilten die Welt in Objekte ein anstatt nach Problemen. Nach Burckhardts Modell ginge es nicht darum, einzelne Gestaltungen etwa von Häusern, Verkehrampeln und Kiosken zu optimieren, sondern den Komplex Straßenecke zu verbessern. Indem die Welt nach Gegenständen und nicht nach Problemen eingeteilt würde, wird sie in einer bestimmten Weise gestaltet. Burckhardt mahnt: "Auch das Nicht-Verändern der Institutionen ist eine Gestaltung."

In diesem Sinne kamen zahlreiche Designer schon zu unkonventionellen und innovativen Lösungen. Wie das Berliner Designbüro Martini, Meyer, das unter anderem die Gestaltungskonzeption für die Räume der Postproduktionsfirma "Das Werk AG" schuf. Nach intensiver Analyse der Arbeitsbedingungen gestalteten Meyer, Martini ungewöhnliche Raumsituationen, die gleichwohl höchst funktionalen Anforderungen gerecht werden.

Auch Wilkhahn arbeitet in diese Richtung und verbindet Kernkompetenzen wie die Kreation von Konferenzmöbeln mit der Entwicklung zeitgemäßer Lösungen für neue Arbeitsabläufe. Ein erster Schritt war hier das Programm "Confair", das eine völlig neuartige Einrichtungsgeneration für die flexible, selbst organisierte und auf Beteiligung ausgelegte Teamarbeit begründet hatte. Ebenfalls in diesem Sinne verbindet das Programm "ConAction" den klassischen Konferenztisch mit Computertechnologie. Eine spezielle Art der Display-Integration und berührungsempfindliche Bedienung sollen Gesprächsprozesse gezielt unterstützen. Damit wäre es möglich, auch in Besprechungen und Konferenzen direkt auf digitale Daten zuzugreifen, sie gemeinsam zu bearbeiten und wieder im Netzwerk abzulegen.

Neue Arbeitsformen. Sie erfordern nicht zuletzt Flexibilität, Selbstorganisation und Teamwork. "Conaction" und "Confair" von Wilkhahn.

FAZIT

Produkte stehen nicht für sich allein, sondern sie sind komplex vernetzt. Alle Einzelteile sollten in einem Gesamtzusammenhang stehen, sowohl funktional als auch ästhetisch. Nicht zuletzt treten Produkte in Beziehung zum Nutzer.

Auch zwischen unterschiedlichen Produkten besteht ein Bezug zu ihrem engeren Umfeld, das wiederum Teil der Umwelt ist.

Ebenso wie eine bestimmte Unternehmensphilosophie Einfluss auf Markenimage und Produktgestaltung hat, bestimmen Haltung und Denkweise von Designern ihre Problemlösungen. Eine produktbezogene Methodik etwa widmet sich dem Design eines klar definierten Gegenstandes. Bei problembezogenen Lösungen steht zunächst die Einbeziehung und Analyse des Umfelds eines Produktes im Vordergrund. Dann erst widmet sich der Designer einer gestalterischen Lösung.

Quellen:

(1) Rudolf Schwarz (Hg.): **Mehr als Möbel. Wilkhahn ein Unternehmen in seiner Zeit.** Frankfurt / Main 2000, S. 115

(2) Fritz Hahne in: Wilkhahn - Wilkening und Hahne GmbH + Co (Hg.): **Thinking No.1_ Visionen eines Unternehmens.** Bad Münder o.J., S.19

(3) Burkhard Remmers: **Ganzheitliche Unternehmenskultur als Synthese von Design, Sozialorientierung, Ökologie und Ökonomie.** In: Hermann Sturm (Hg.): Geste und Gewissen im Design. Köln 1998,133f.

(4) ebd., S. 138

(5) Lucius Burckhardt: **Design ist unsichtbar.** In: Hans Höger für den Rat für Formgebung (Hg.): Lucius Burckhardt. Design = unsichtbar. Ostfildern 1995, S. 19f.

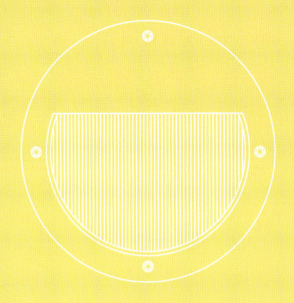

07
STRATEGIEN

WAS BEDEUTEN PRODUKTE FÜR UNTERNEHMEN?

Hinter jedem Produkt, auch dem alltäglichsten, stecken Unternehmenshaltungen und Designverständnisse – auch wenn sie auf den ersten Blick oft nicht sichtbar sind. Ein Unternehmen kann beispielsweise eine Dienstleistung oder ein Produkt entwickelt haben und zu guter Letzt einen Designer beauftragen, dem Ganzen den letzten Schliff zu geben. Dieser Weg, zu einer Produktgestaltung zu kommen, kann durchaus brauchbar sein.

Andere Unternehmen jedoch fassen Design weiter und verstehen sich als designorientiert. Das heißt, Designer werden hier von Anfang an in den Entstehungsprozess eingebunden und entwickeln mit Technik, Marketing und Vertrieb gemeinsam eine neue Produktlösung. Designorientierte Unternehmen bewerten Design als Gestalt gewordene Firmenphilosophie. Oder mit den Worten von Otl Aicher[1], Gründer der legendären Hochschule für Gestaltung Ulm und verantwortlich für Firmenerscheinungsbilder, die zumeist jahrzehntelang in Gebrauch sind: "Das Erscheinungsbild ist nicht nur das Äußere. Es ist das Eigentliche. Man kann nicht existieren, ohne sich zu zeigen."Wie man sich zeigt, so wird man demnach dann gelesen.

Gerade für mittelständische Unternehmen ist Design oft wesentlicher Unterscheidungsfaktor im Wettbewerb. Nicht von ungefähr sind im Mittelstand besonders viele designorientierte Unternehmen zu finden. Im Einheitsbrei der Produkte versuchen sie, sich durch eine klare Designbotschaft und ein schlüssiges Erscheinungsbild zu profilieren und damit die Käufergunst zu erlangen. Sie haben dabei keine Mogelpackungen im Sinn, sondern sehen Gestaltung als komplexe und ganzheitliche Qualität, die nicht auf kurzfristige Wirkung aus ist. Deshalb verlangt eine designorientierte Haltung vernetztes Handeln in langfristigen Dimensionen. Hierum soll es in diesem Kapitel gehen, festgemacht am Beispiel des Beleuchtungsherstellers ERCO.

ERCO setzt auf sachliche Werbung. Klar strukturiert werden die vielfältigen Variationsmöglichkeiten eines Leuchtenproduktes gezeigt.

DESIGN GOES MARKETING

Beim Bemühen um die Gunst des Käufers ist das Design eines Produktes ein Baustein innerhalb der Aktivitäten von Unternehmen. Ein weiterer ist neben Vertrieb, Forschung und Entwicklung oder Kommunikation das Marketing.

Marketing dreht sich um die Austauschbeziehungen zwischen Unternehmen und Kunden und versucht, den Absatz der Produkte zu beeinflussen. Knackpunkt ist hier die Sicht des Käufers. In den Augen des Käufers muss sich der Hersteller via Produkt vor der Konkurrenz positiv abheben. Er muss besser sein, und zwar nicht objektiv, sondern subjektiv. Der Käufer muss ihn ganz einfach für besser als die Konkurrenz halten. Je eindeutiger das Unternehmensprofil ausfällt, desto besser für den Absatz. Das Gleiche gilt für Marken. Eine Garantie für den wirtschaftlichen Erfolg ist ein klares Firmenprofil allein jedoch nicht.

Um ihre Zielgruppen zu erreichen oder zu halten, versuchen Unternehmen zu einem möglichst umfassenden Verständnis für die Ansprüche und Bedürfnisse ihrer Kunden zu kommen. Plant ein Unternehmen ein neues Produkt oder eine neue Vermarktungsstrategie, wird am Anfang der Überlegungen die Frage stehen, welche kundenspezifischen Probleme oder Wünsche bestehen und wie man sie angehen könnte. Darauf folgt meist ein Marketingkonzept. Und bei designorientierten Unternehmen parallel ein Briefing (eine Aufgabenstellung) für den Designer, das in eine vorher klar definierte Designstrategie passt.

In den ersten 25 Jahren war ERCO mit modischen Leuchten aller Art sehr erfolgreich.

Was kann man nun unter Designstrategie verstehen? Mit Designstrategien legen Unternehmen ihre Ziele und Haltungen in bezug auf das Produkt- und Kommunikationsdesign, die Gebäudearchitektur und den Internetauftritt fest. Verstehen sie sich beispielsweise als technikbegeistert? Als konservativ-gediegen? Setzen sie auf neue Materialien? Wagen sie formale Experimente? Wie müssen die entsprechenden Produkte gestaltet sein? Wie sollte das Corporate Design aussehen? (Logo, Geschäftsunterlagen, Farben etc.) Welcher Kommunikationsstil liegt zugrunde? Damit die Designstrategie schlüssig ist, muss das Unternehmen sich und seine Zielgruppen genau kennen. Dies ist leichter gesagt als getan und mit der Selbstfindung von Personen durchaus zu vergleichen. Ist die Designstrategie des Unternehmens festgelegt, geht es um die Entwicklung von adäquaten Produktprogrammen und Dienstleistungen. Auch geeignete Vertriebs-, Präsentations- und Kommunikationsformen müssen erarbeitet werden. So weit die Theorie.

Ein Beispiel für die Bedeutung von Designstrategien, Produkten und Kommunikation ist der Leuchtenhersteller ERCO. Mitte der dreißiger Jahre hatte Arnold Reininghaus mit zwei Partnern die Lüdenscheider Leuchtenfabrik Reininghaus & Co gegründet. Schon wenige Jahre später schaffte ERCO (R. für Reininghaus und Co.) mit Küchenzug- und Nachttischleuchten den Sprung zu einem der wichtigsten Hersteller der Branche. Nach dem Zweiten Weltkrieg stieg das Unternehmen zum größten Zugleuchtenhersteller der Welt auf. Konsequent setzte die Firma von Anfang an auf industrielle Serienfertigung und den Vertrieb über den Elektro-Großhandel.

LICHT STATT LEUCHTEN

ERCO in den 60er Jahren. Zu dieser Zeit trat Klaus Jürgen Maack ins Unternehmen ein.

Anfang der sechziger Jahre trat Klaus Jürgen Maack, 25jährig, Marketing-Fachmann und Leuchtenlaie, in die Firma ein [25]. Nach intensiver Marktforschung prophezeite er der verblüfften Geschäftsführung schwierige Zeiten, falls das prosperierende Unternehmen keine andere Richtung einschlüge. Der Grund: Maack hatte beobachtet, dass sich ein Wandel in den Lebensgewohnheiten der Deutschen vollzog. Sie wurden zusehends anspruchsvoller. Gleichzeitig hatte sich ERCO, wie die meisten Konkurrenten auch, den kurzfristigen modischen Trends des Wirtschaftswunders angepasst. Manches Modell wurde jährlich überarbeitet. Ihre Verkaufzahlen deckten oftmals nicht die Entwicklungskosten. Klaus J. Maack konnte tatsächlich folgende Änderungen im Unternehmen durchsetzen:

1. Nicht Leuchten, sondern die Beschäftigung mit dem Einsatz von Licht ist die zentrale Aufgabe.
2. Es wurden fortan Produktsysteme statt Einzelprodukte angeboten.
3. Die Erkenntnisse der Lichttechnik werden bei der Entwicklung neuer Produkte eingesetzt und berücksichtigt.
4. Modische Trends wurden nun durch eine neue Formensprache ersetzt, die mindestens zehn Jahre gültig sein sollte.
5. Schon bei der Produktentwicklung werden Designer von internationalem Ruf hinzugezogen.

Szenische Beleuchtungskonzepte sollen dramatische Lichtwirkungen mit hohem Erinnerungswert schaffen.

Maack prägte als Unternehmensidee den Satz: Wir verkaufen nicht Leuchten, sondern Licht. Inspiriert wurde der Marketing-Fachmann beim Blättern in einer Zeitschrift. Dort las er: "Wenn die alten Ofenbauer begriffen hätten, dass sie Wärme statt Öfen verkaufen, dann wären sie heute noch im Geschäft".

NISCHE UND NÜCHTERNHEIT

Nach diesem Kurswechsel eroberte sich ERCO prompt mit Lichtsystemen statt Einzelleuchten den damals neu entstandenen Markt für Architekturbeleuchtung, konnte also erfolgreich eine Marktnische besetzen. Heute allgegenwärtig waren Stromschienen, Strahler und Downlights in den sechziger Jahren absolutes Novum. Sie werden bis heute überwiegend im Objektbereich, also in Verwaltungs- und Bürobauten und öffentlichen Räumen wie Restaurants, Theater, Warenhäuser usw. eingesetzt.

Auf die Marketing-Idee folgte die Designstrategie. Bei ERCO begreift man Leuchten nicht als mystischen Zauberquell, sondern ganz nüchtern als Träger physikalischer Eigenschaften. ERCOs Produkte sind so konzipiert, dass sie sich ihrem Umfeld (Innen- und Außenräume) möglichst unauffällig anpassen. Alles soll Sachlichkeit vermitteln, allein das Licht soll wirken. Die Lichtquellen sollen also den Raum strukturieren, ohne dabei zu dominieren - eine komplizierte Sache. Restaurants zum Beispiel leben durch ihre Atmosphäre. Das Licht soll zwischen hell und halbdunkel unaufdringliche Zonen schaffen. Licht in Museen muss ausgestellte Objekte gleichmäßig und farbgetreu ausleuchten. Warenhäuser wiederum brauchen für wechselnde Dekorationen

  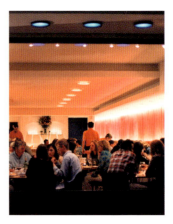

Ob für's Museum, Büro oder Restaurant, ob in Paris, Hong Kong oder London - durch seine Modularität kann dasselbe Leuchtenprogramm in den verschiedensten Bereichen und rund um den Globus eingesetzt werden. Das Lichtkonzept hingegen ist individuell auf den Ort zugeschnitten.

flexible Lichtquellen. Büros ermüdungsfreies Licht. Entsprechend ERCOs nüchterner Auffassung vom funktionalen Zweck der Leuchten ist das Design klar und technoid und folgt den physikalischen Bedingungen des Lichts[3].

Der dänische Architekt und Designer Knud Holscher zum Beispiel hat für ERCO Quinta geschaffen, ein Strahlersystem, das das Drehen und Neigen des Lichtstrahls in definierbaren Winkeln möglich macht. Die einmal gewählte Fokussierung des Lichtstrahls sollte vor unbeabsichtigten Veränderungen geschützt sein, wichtig für professionelle Ausstellungsmacher. Quinta übernimmt funktional wie ästhetisch das Prinzip des Sextanten. Eine Präzisionsskala macht Einstellungen an Holschers Alu-Leuchte schnell ablesbar. Zwei Jahre hat es gedauert bis Quinta serienreif war, keine Ausnahme in der Lüdenscheider Lichtfabrik. Daher muss die Optik der Leuchten so langlebig, also sachlich und neutral wie möglich sein.

Ein weiterer selbst gestellter Anspruch: ERCO-Beleuchtung soll möglichst flexibel einsetzbar sein. Die Strahlerfamilie Eclipse, vom Italiener Mario Bellini entworfen, kann für die verschiedensten Zwecke (Büro, Versammlungssaal, Laden) genutzt werden und viele Lampentypen und optische Systeme aufnehmen. Eclipse ist aus einzelnen, auswechselbaren Modulen konstruiert. An ein zylindrisches Zentralelement, das von Kühllamellen umgeben ist, können vorn unterschiedliche Lichtköpfe und Filter montiert werden, hinten ist Platz für Transformatoren und Vorschaltgeräte.

"Eclipse" von Mario Bellini. *"Quinta" von Knud Holscher.*

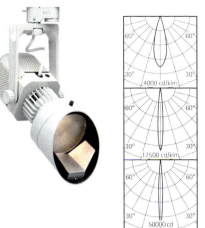
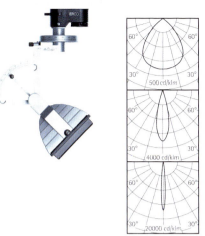

Da das größte Problem für Leuchtenentwickler und -designer nicht das Licht, sondern sein "Beiprodukt" Hitze ist, bestimmt nicht zuletzt Hitze das Design. Leuchten im Rippenlook, mit Schlitzen und Perforationen sind nicht dekorativ, sondern haben funktionale Gründe. Selbst Farben beeinflussen den Betrieb der Leuchten. Beleuchtungsdesign – so verstanden – ist deshalb Teamarbeit zwischen Architekten, Designern und Konstrukteuren.

DESIGNER, ARCHITEKTEN UND DAS LICHT

ERCO produziert aktuell

- Lichtsysteme, das sind Stromschienen und Strahler
- Einbauleuchten (so genannte Downlights in abgehängte Decken versenkt oder als Boden-Einbauleuchten)
- Lichtstrukturen, also Rohrsysteme mit integrierten Leuchten und angehängten Strahlern
- Außenleuchten
- Arbeitsplatzleuchten
- Orientierungs- und Hinweisleuchten und
- Elektronische Steuersysteme für Lichtmanagement und szenisches Dimmen unter dem Namen "ERCO Controls".

Mehrere Beleuchtungsmöglichkeiten einer Eingangssituation werden vorab am Computer simuliert, um die optimale Lichtwirkung zu erzielen.

Licht ist die vierte Dimension der Architektur lautet inzwischen ERCOs Credo. Darin drückt sich eine hochkomplexe Symbiose zwischen Bau und Licht, zwischen Architekten und Lichtdesignern aus. Interessant sind dabei die verschiedenen Denkansätze von Designern und ihrer Klientel, die Architekten: Designer denken in Serien, Produktfamilien und Produktionstechniken. Architekten denken an das Einzelstück und die komplexe Arbeitsorganisation verschiedenster Arbeiten und Gewerke.

Um Architektur mit Lichtgestaltung zur Geltung bringen zu können, bedarf es einer Designkonzeption von erfahrenen Lichtplanern. Eine subtil ausgeklügelte Lichtwirkung braucht differenzierte Beleuchtung. Die wiederum spezielle Leuchten, die in ihren Eigenschaften auf die jeweilige Aufgabe abgestimmt sind. ERCO greift bei seinen Planungen auf etwa 3500 verschiedene Produkte und rund 35 Produktfamilien zurück. Doch immer wieder stellen Architekten Anforderungen, die auch eine riesige Produktpalette nicht erfüllen kann. Dann gilt es, Kompromisse zu finden. Oder sogar Leuchten für diesen speziellen Zweck zu gestalten. Das neue Bundeskanzleramt in Berlin, von Charlotte Frank und Axel Schultes geplant und im Mai 2001 fertiggestellt, ist so ein Fall. Den Architekten schwebte hier eine offene und fließende Raumstruktur vor[4]. Der neue Regierungssitz sollte ein nach außen orientierter Bau werden, indem sich die Räume öffnen, ineinander übergehen und vielfältigste Ein- und Ausblicke bieten. Das Licht sollte die verschiedenen Bereiche und Funktionen mittels eines durchgängigen Beleuchtungskonzepts zusammenfassen, ohne dass

Eine maßgeschneiderte Lösung für das Bundeskanzleramt in Berlin. Um eine Wirkung zu erzielen, als wenn das Licht "aus dem Loch" kommt, mussten 8000 Lichtquellen aufwendig versenkt werden.

Lichtquellen die ursprünglich vorgesehenen puristischen Sichtbetonflächen in ihrer Wirkung störten. Also kamen nur deckenintegrierte Reflektoren in Frage. Die Architekten wünschten sich jedoch, dass Leuchten vollkommen unsichtbar bleiben. Nicht einmal der schmale Metallring der Downlights war für sie akzeptabel. Sie stellten sich "Licht aus dem Loch" vor. Das bedeutete, dass die Lichtquelle versenkt werden musste, eine schwierige Aufgabe. Die Lösung bestand dann darin, dass sämtliche Deckenöffnungen den gleichen Durchmesser von 170mm hatten, ausgehend vom licht- und wärmetechnisch schwierigsten Fall. Dann wurden insgesamt 8000 Betonarmaturen für die Leuchten in die massiven Betondecken gegossen, die ihrerseits zwischen 10 cm und 60 cm dick waren. Zweiteilige, rotationssymmetrische Gehäuse bergen nun die Lichtquellen. Das Oberteil gibt es in drei verschiedenen Höhen, das Unterteil besitzt einen Ausschnitt für den einheitlichen Leuchtendurchmesser. Um den Deckenrücksprung zu erzeugen hat das Unterteil eine 2 cm starke Schalform. Die Leuchten sind somit nicht optisch, sondern real in der Decke versenkt.

Die beschriebene Lösung ist typisch für die Designstrategie von ERCO. Martin Krautter, Pressesprecher des Leuchtenherstellers, kommentiert: "Natürlich bilden die Produkte letztlich den Kern aller Aktivitäten des Unternehmens. Aber wir fassen den Begriff des »Produktes« erheblich weiter als nur auf die Leuchten-»Hardware« beschränkt: Unser Produkt ist gutes Licht, die Leuchte ist dafür nur ein Werkzeug, ein Instrument. Dieses Werkzeughafte drückt sich in unserem Produktdesign aus".

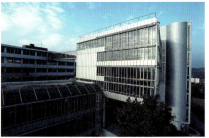

Architektur als Ausdruck der Unternehmenshaltung.
Das Technische Zentrum von ERCO wurde 1987 fertiggestellt.

KOMMUNIKATION UND GLOBALISIERUNG

Trotz erfolgreicher Besetzung der Nische "Architekturbeleuchtung" ist man bei ERCO überzeugt, dass es nicht genügt, Produkte herzustellen und sie anzubieten. Man muss über sie sprechen. Und zwar in Texten, Bildern, Medien und durch PR-Aktionen. Architekten und Planer werden weltweit in Fachzeitschriften angesprochen. In Deutschland sind das z.B. die "bauwelt" oder die "db Deutsche Bauzeitung", in Italien die "domus" usw. Doch nicht nur die Kommunikation via Medien ist von Bedeutung, sondern auch die Kommunikation des Unternehmens in Form von Logo, Firmengebäude, Publikationen usw. ERCO gibt daher eine eigene Zeitschrift heraus, den "Lichtbericht".

ERCOs Designstrategie wird auch im eigenen Betrieb als Corporate Identity angewendet, denn: "Im Rahmen des Erscheinungsbildes entstehen firmenspezifische Sprachen", wusste Otl Aicher[6], der das Corporate Design des Unternehmens kreierte. Zur Firmeneinrichtung etwa gibt es klare, niedergeschriebene Regeln. Da sollen Klassiker oder einfache Gebrauchsmöbel "ohne falschen Repräsentationsanspruch" in den Farben des Erscheinungsbildes sein[7]. Stoffe sollen eine möglichst technische Struktur haben. Bestes Beispiel: ein Lagerregal. "Das einfache, leichte Regal aus verchromtem Stahldraht", heißt es im Firmenhandbuch[8], "drückt eine technische Bescheidenheit aus; es tritt als funktionales Lagersystem und nicht als repräsentatives Möbel auf." Wen wundert es, dass auch die Gebäudearchitektur diesen Maximen folgt.

In unserer heutigen Kommunikationsgesellschaft werden Servicequalitäten wie Information und Beratung als Bestandteile des Produktes immer wichtiger. Dies ist auch ERCO klar. Um seine Marktposition zu halten, hat das Unternehmen beschlossen, ein ambitioniertes Internet-Projekt zu starten, den "Light Scout". ERCOs Klaus Jürgen Maack sagt selbstkritisch, dass der alte Internet-

Auch die Farbe der Blumen muss zum Leuchtenhersteller passen. Um eine sonnige Atmosphäre auf den Tischen zu erzielen, werden gelbe Blumen spotartig ausgeleuchtet.

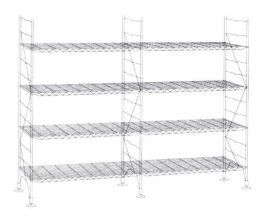

Regale sollen bei ERCO keine repräsentativen Möbel sein, sondern technische Bescheidenheit ausdrücken.

Auftritt eine ins Netz gestellte Unternehmensbroschüre war[ ]. Der "Light Scout" hingegen sei ein neues Instrument für die globalisierte Arbeitsweise von Architekten. Geht es etwa um ein Hochhausprojekt in Kuala Lumpur, kann der Architekt an der Ostküste der USA sein, der Lichtplaner in Hawaii, der Elektroingenieur in Singapur. ERCO hat Niederlassungen und Vertretungen in über 50 Ländern auf allen Kontinenten außer Australien. Das Engagement, Kundenbindung durch Wissenstransfer zu schaffen, kommt daher nicht von ungefähr.

ERCO bietet im Internet in Form des "Light Scouts" für alle Produkte Datenblätter im druckbaren PDF-Format an - in sprachlich und technisch angepassten Versionen für jeden Markt. Die Daten umfassen zum Beispiel Ausschreibungstexte für Bauvorhaben in Belgien, Photometriedaten für den japanischen Markt oder Virtuelle Leuchten für Lichtsimulationen. Planer, Architekten, Ingenieure und Bauherren erhalten eine weltweit brauchbare Ausschreibungsunterlage. "Light Scout" ist ein riesiger Werkzeugkasten, der die Möglichkeiten des Mediums Internet ausnutzt. Auch dies ist eine Designstrategie: ERCO glaubt, dass die Produkte in Zukunft noch komplexer werden, und das Wissen um die richtige Anwendung mitgeliefert werden muss. Wer aktuelle Informationen so visualisieren kann, dass sie komfortabel verfügbar sind, wird demnach Marktvorteile erlangen.

ERCOs "Light Scout" ist ein extrem komplexes Gebilde. Allein zum Start umfasste die Website-Sammlung etwa 100.000 Seiten und 1,5 Millionen Querverweise. Eine solche Datenmenge stellt hohe Anforderungen an die Gestaltung. Das Screen-Design muss die Benutzeroberfläche, das Interface, selbsterklärend erschließen, so dass ein Benutzer ohne Einführung und aus unterschiedlichsten Kulturpositionen heraus Informationen abrufen kann. Heterogene Inhalte - von Software- bis Hardwareinformationen, von Projektreportagen bis zu Ratgeberinhalten – brauchen einen einheitlichen Gestaltungsrahmen. Da "Light Scout" auch ein prominenter Auftritt der Marke

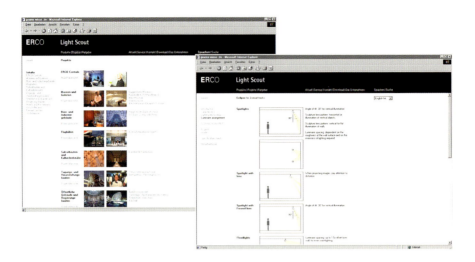

Screenshots des komplexen Internetauftrittes www.erco.com

ERCO ist, muss er sich in das Erscheinungsbild von Marke und Unternehmen einfügen. Wie in allen Bereichen der Gestaltung kommt daher auch im Designkonzept der Internetseiten "Light Scout" die funktionale, technisch bestimmte Haltung des Unternehmens ERCO zum Ausdruck.

FAZIT

Designorientierte Unternehmen versuchen, sich durch eine klare Designbotschaft und ein schlüssiges Erscheinungsbild zu profilieren und damit Absatz zu sichern und zu steigern. Sie bewerten Design als Transportmedium ihrer Firmenphilosophie. Eine designorientierte Haltung verlangt vom Unternehmen intern vernetztes Handeln und langfristiges Denken. Mit Designstrategien legen Unternehmen ihre Ziele und Haltungen in bezug auf das Produkt- und Kommunikationsdesign, die Gebäudearchitektur und den Internetauftritt fest.

Damit die Designstrategie schlüssig ist, muss das Unternehmen sich und seine Zielgruppen genau kennen. Im Entstehungsprozess eines neuen Produktes werden Designer von Anfang an eingebunden und entwickeln mit Technik, Marketing und Vertrieb gemeinsam eine neue Lösung.

Quellen:

[1] Otl Aicher in: ERCO Leuchten (Hg.) **Das Erscheinungsbild.** Handbuch. Lüdenscheid 1996, S. 5

[2] ERCO Leuchten (Hg.): **ERCO Lichtfabrik.** Ein Unternehmen für Lichttechnologie. Berlin 1990, S. 10f.

[3] Marion Godau, Bernd Polster: **Designlexikon Deutschland.** Köln 2000, S. 172f.

[4] Klaus Jürgen Maack (Hg.): ERCO "Lichtbericht" Nr. 66, S. 10ff.

[5] Interview mit Martin Krautter im November 2002

[6] Otl Aicher, s.o., S. 21

[7] ERCO Leuchten (Hg.) **Das Erscheinungsbild.** Handbuch. Lüdenscheid 1996, S. 88

[8] Ebd.: S. 92

[9] Interview mit Klaus J. Maack. In: Rheinischer Merkur 4.4.2002

08
AUFTRITTE
WIE DESIGN PRÄSENTIEREN?

Bis ein Produkt beim Nutzer ankommt, hat es einen langen Prozess durchlaufen. Von der Idee über den Entwurf und die technische Entwicklung bis hin zur Markteinführung waren in der Regel etwa ein Dutzend Fachleute beteiligt (Techniker, Vertriebsleute, Marketingspezialisten, Controller usw.). Und natürlich sollen sich neue Produkte am Ende verkaufen. Als wichtiges Testfeld fungieren hier Messen. Messen geben Unternehmen die Möglichkeit, auf engstem Raum mit der Konkurrenz Prototypen oder produzierte Kleinserien einer Öffentlichkeit zu präsentieren und auf ihre Resonanz zu prüfen, bevor sie in den Markt eingeführt werden. Um das Unternehmen und die Produkte in einem möglichst strahlenden Licht zu zeigen, wird viel Geld und Engagement in den Messeauftritt investiert. Wichtige Fragen bei der Planung des Messestandes sind: Welche Zielgruppen sollen angesprochen werden? Welche Botschaften sollen transportiert werden? Wie können Firmenauftritt und Produktauswahl unzweideutig profiliert werden?

Viel Aufwand für wenige Tage. Der Messeauftritt eines Unternehmens ist ein wichtiges Forum für Kontaktaufnahme und Produktpräsentation.

SPRECHENDE BAUTEN

Messestände sind Teil der Unternehmenskommunikation, sie informieren und inszenieren. Fragen der Präsentation, wie etwa um welche Art Messe es sich handelt, wie die Produkte gezeigt werden, ob der Stand einladend-offen oder eher abgeschottet-exklusiv wirken soll oder welche Botschaften in Bezug auf das Unternehmen vermittelt werden sollen, spielen eine wesentliche Rolle bei der Planung der Messearchitektur. Hinzu kommt, dass Messestände möglichst immer wieder anderes und Aufmerksamkeit erregend aussehen sollen. Dennoch muss die Identität von Produkt und Unternehmen stets erkennbar sein. Ein Spagat also, der in der Regel mit einem Vorlauf von einen halben oder ganzen Jahr mit viel Know-How und Arbeitskraft in Gestaltungselemente vollzogen wird, obwohl Messestände meist nur wenige Tage existieren.

Erfahrungsgemäß haben diejenigen Messestände den nachhaltigsten Kommunikationseffekt, die
· die Rezeptionsgewohnheiten des Publikums berücksichtigen
· möglichst viele Sinne und positive Gefühle ansprechen
· Unterhaltung und Gemeinschaftserlebnisse bieten
· Begegnung und Kommunikation fördern und
· den Besucher mit neuem Wissen und seriöser Kommunikation bereichern.

MABEGs Produktsegmente:
- *Konferenzsysteme (hier "P.O.C").*
- *Stadtmobiliar (hier "conposition").*
- *Empfangs- und Wartesituationen (wie "Stand-By").*
- *Leit- und Orientierungssysteme (hier "Profile One").*

Um viele Sinne anzusprechen und Unterhaltung zu bieten, setzen Aussteller nicht nur Messearchitektur, Grafik und Licht ein [1]. Sie operieren mit Gaumenfreuden und Musik, manchmal sogar mit Gerüchen. Bei allem Bestreben, Aufmerksamkeit zu erregen, ist meistens diejenige Ausstellungsgestaltung die erfolgreichere, die trotz aller Raffinesse einen zurückhaltenden Rahmen für die ausgestellten Waren liefern kann. Grelle, laute oder übervolle Messestände schaffen nicht unbedingt mehr (positive) Aufmerksamkeit, sondern können im Gegenteil verschrecken. Optimal wäre, das Umfeld innerhalb der Messe, also die Messestände der umliegenden Aussteller, mit in die Planung einzubeziehen. Solche Form der Kooperation ist jedoch in der Praxis selten.

PRODUKTPALETTE UND MESSEAUSWAHL

Anhand des mittelständischen Herstellers MABEG sollen verschiedene Messeauftritte und ihre Hintergründe gezeigt werden. MABEG produziert Möbel und Raumstrukturen für den öffentlichen Raum, dort also, wo Publikumsverkehr stattfindet. MABEG bietet Produkte sowohl für den Innenbereich (Empfangs-, Warte- oder Konferenzsituationen) als auch für den Außenbereich in Form von Stadtmobiliar (Ruhebänken und Wartehallen) an. Drittes und viertes Segment der MABEG-Produktpalette sind Leit- und Orientierungssysteme für innen und außen.

Messeziel Begegnungen. Eines der wichtigsten Ziele des Messeauftritts ist die Schaffung von kommunikativen Rahmenbedingungen.

Als Designvorgaben hat das Unternehmen festgelegt, dass es technische Neuheiten entwickeln und bislang ungenutzte Nischen besetzen will. Dazu bedient sich MABEG der Mitarbeit ausgewählter Designer und Architekten, unter ihnen James Irvine, Jasper Morrison, Fritz Frenkler und Nicolas Grimshaw. Bei ihrer Auswahl geht es dem Hersteller um ausgeprägte Persönlichkeiten, deren Formensprache bei potentiellen Kunden Anklang finden muss.

Unter einem guten Messestand versteht MABEG einen im positiven Sinne auffallenden Ort, wo die Besucher sich wohlfühlen. Daher stehen die Schaffung von Gesprachsanlassen und Bewirtung im Vordergrund der Messegestaltung.

Es liegt auf der Hand, dass die verschiedenen Produktsparten des MABEG-Sortiments zwar in einem Zusammenhang stehen, jedoch auf unterschiedlichen Messen unterschiedlich präsentiert werden. Auf der an wechselnden Orten stattfindenden "Public Design" etwa werden Stadtmöbel und Fahrgastinfosysteme für den Stadtraum gezeigt. Die Messe "Orgatec" zeigt Büromöbel, -geräte und –systeme und die "Euroshop" präsentiert alle drei Jahre Shopausstattungen, Werbemittel, Sicherheitstechnik und dergleichen mehr. Auf der internationalen Möbelmesse in Mailand ist MABEG ebenfalls vertreten und präsentiert sich auf einem Gemeinschaftsstand zusammen mit anderen Unternehmen (etwa Wilkhahn und Iren UFFICI).

Für die jeweilige Messearchitektur ist ein beauftragter Designer verantwortlich, der mit einem bestimmten Budget arbeiten muss. Von MABEG gibt keine direkten Vorgaben. Mindestens 9 Mona-

Messeziel Produktpräsentation. MABEGs Raum-in-Raum-System "Profile One" als Ladeneinrichtung auf der Euroshop 1999.

te vor dem Messetermin beginnt die Planung. Die Frage, was an Neuem gezeigt werden soll und was an bereits eingeführten Produkten, steht am Anfang der Überlegungen. Ist die Produktauswahl getroffen, gilt es, sie möglichst wirkungsvoll zu inszenieren. Von Messe zu Messe wird jedes Mal ein neues Präsentations- und Messebaukonzept erarbeitet. Diese aufwendige Investition dient vor allem der unverwechselbaren Markenerkennung. Um die hohen Kosten für einen Messestand noch in Grenzen zu halten, gehen nicht wenige Unternehmen Kooperationen mit anderen ein. So auch Hersteller MABEG. Die hochwertigen HiFi-Anlagen und Plasma-Screens seiner Messestände stammen von einem Kooperationsunternehmen.

EUROSHOP

Die Düsseldorfer Messe Euroshop ist für MABEG eine Anlass zu zeigen, wie seine Raumstrukturen genutzt werden könnten. 1999 etwa präsentierte der Hersteller "Profile One", ein Raum-in-Raum-System, das vom Info-Mast für den Eingangsbereich über mögliche Trennwände bis zu Regal- oder Displaykombinationen flexibel aufgebaut werden kann. Der Messestand war entsprechend wie ein Verkaufsraum gestaltet.

PUBLIC DESIGN

Auf der Public Design-Messe werden Stadtmobiliar und Fahrgastinformationssysteme präsentiert. MABEG präsentiert hier seine entsprechende Produktsparte und bemüht sich um der Wiederer-

Messeziel Aufmerksamkeit. "Leuchtkeile" auf der Public Design 2001.

kennung der Marke, etwa durch die Firmenfarbe Ultramarine-Blau und das Messekonzept, Orte der Begegnung zu kreieren. Daher ist jeder Messestand des Unternehmens so konzipiert, dass dem Zusammentreffen und Verweilen viel Platz eingeräumt wird. So auch auf der Public Design-Messe 2001, bei der MABEG auf transluzente Wandpaneele als Hauptgestaltungselemente setzte. Diese waren von innen so ausgeleuchtet, dass vorübergehende Messebesucher zunächst zwei halboffene und versetzt zur Grundfläche angeordnete Leuchtkeile bemerkten, die den Stand in mehrere Räume gliederten. Im Inneren der beiden Keile befanden sich ein caféähnlicher Raum und Unterteilungen für zurückgezogene Gespräche, außen waren MABEG-Produkte für den öffentlichen Raum in Form von nachgestellten Wartesituationen (Wartehäuschen mit Haltestelle, Sitzbänke) aufgestellt.

ORGATEC

Seit 1996 präsentiert sich MABEG auf der im zweijährigen Turnus stattfindenden Kölner Orgatec, der weltweit wohl wichtigsten Messe rund um die Bürowelt. Inzwischen ist die Orgatec ins Zentrum der Messeaktivitäten von MABEG gerückt. Orgatec ist keine Order- bzw. Verkaufsmesse, sondern dient in erster Linie als Ort, um mit wichtigen Zielgruppen wie Architekten und Endkunden (Besteller von Büroausstattungen) in Kontakt zu kommen. Zu dieser Zielgruppe gehören auch Designer.

1996 startete MABEG mit einer Standgestaltung des britischen Architekten Nicolas Grimshaw, der mit blauen Segeln für Aufmerksamkeit sorgte. 1998 wurden nach einer Konzeption des Designers

Messeziel Gutes Design. MABEG Präsentationsstände wurden von Designern wie Fritz Frenkler (links, Orgatec 1998) und James Irvine (rechts, Orgatec 2000) gestaltet.

Fritz Frenkler Alukoffer aufgestapelt. Sie fungierten als strenge Ausstellungsvitrinen für ausgewählte MABEG-Produkte. 2000 hingegen gab der britische Designer James Irvine Infotafeln und Raumelementen auf MABEGs Messestand organische Kurven. Fritz Frenkler gestaltete 2002 einen zweigeschossigen Stand, um diesmal die gesamte aktuelle Kollektion auf der Orgatec zeigen zu können. Die zweigeschossige Lösung machte aus den zugeteilten 180 Quadratmetern Standfläche 230 qm, so dass viele unterschiedliche Raumsituationen auf engstem Raum geschaffen werden konnten. Im Schnitt kostet ein Quadratmeter Messestand cirka 1000 Euro pro qm. Dazu kommen interne Dienstleistungen wie Aufbau und Logistik und Messepersonal. Wie das Beispiel zeigt, können intelligente Messebau-Konzepte erhebliche Kosten sparen. Hier konnte die zugeteilte Standfläche durch die doppelstöckige Raumausnutzung effektiver genutzt werden.

Die vier genannten Messestände unterschieden sich teilweise komplementär voneinander. MABEG inszenierte diese Verschiedenheit nicht zuletzt bewusst, um die dynamische Entwicklung seiner Marke zu dokumentieren. MABEG-Marketingchef Jürgen Merschmann ist überzeugt, dass eine starke Veränderung der Marke entsprechend im Messeauftritt dokumentiert sein sollte. Stillstand würde nach J. Merschmann nur eine entgegen gesetzte Botschaft vermitteln[2]: "MABEG bewegt sich viel, da soll sich der Messestand auch entwickeln. Produkte sind das allerwichtigste, aber ohne einen guten Messestand funktionieren sie nicht."

Messeziel Markenpräsenz. Alle Facetten der Messepräsentation müssen die Marke (wieder)erkennbar machen. MABEGs Messestand auf der Orgatec 2002.

FAZIT Messen haben für ein Unternehmen eine wichtige Doppelfunktion: Sie dienen erstens als Kommunikationsplattform und Selbstdarstellungsmöglichkeit, zweitens als Marktplatz und Testfeld für neue Produkte. Dabei sollen sowohl die ausgestellten Waren wahrgenommen werden, als auch die sie produzierende Marke. Obwohl Messestände meist nur wenige Tage aufgebaut bleiben, werden sie entsprechend ihrer Bedeutung mit hohem Aufwand geplant, gestaltet und in Szene gesetzt.

Quellen:

[1] **designreport.** Heft 1/2003, Stuttgart 2003, S. 22 ff.

[2] Jürgen Merschmann im Gespräch mit der Autorin im Januar 2003

Literatur (Auswahl):

- Otl Aicher: **Die Welt als Entwurf.** Berlin 1991
- Bauhaus-Universität Weimar, Fakultät Gestaltung (Hg.):

Visuelle Sprache. Jahrbuch der Fakultät Gestaltung. Weimar 2001

- **Messedesign Jahrbuch 2002 / 2003.** Ludwigsburg 2003
- Peter Zec: **Orientierung im Raum.** Eine Untersuchung zur Gestaltung von

Orientierungs- und Leitsystemen. Essen 2002

09
BEWERTUNGEN
WIE DESIGN BEURTEILEN?

Die Frage nach geeigneten Bewertungskriterien im Design ist so alt wie das Design selbst und bis heute nicht erschöpfend beantwortet. Peter Zec, Geschäftsführer des Designzentrums Nordrhein Westfalen, hält gutes Design für "prinzipiell unentscheidbar": "Es ist einfach nicht möglich, eine präzise Formel oder ein logisch begründbares Regelwerk über die qualitative Bestimmung von Design aufzustellen[1]". Form und Funktion von Produkten sind klar erkennbar und beschreibbar; doch wie das Gesehene bewerten? Und nach welchen Maßstäben die differenzierten kommunikativen, symbolischen und emotionalen Facetten eines Produktes beurteilen? Gerade wegen dieser kaum zu bewertenden Dimension des Designs, ziehen sich Profis wie Laien meist auf die funktional-ästhetische Ebene zurück. Designjurys diskutieren bei eingereichten Produkten gewöhnlich Faktoren wie Gebrauchsnutzen, innovations- und Veränderungspotential, Nachhaltigkeit und Gebrauchsvisualisierung und ob das Design eines Produktes seine Handhabung für den Benutzer klar ablesbar macht. Dass Design das Verhältnis von Mensch zu Objekt zum Ausgangspunkt der Gestaltung hat, wird dabei vorausgesetzt.

Jede Bewertung ist auch vom jeweiligen Blickwinkel abhängig. Für Unternehmen beispielsweise ist ein Produkt dann gelungen, wenn es zum Markenprofil passt, die Marke aufwertet und Gewinn bringt, materiell wie immateriell. Fachjurys geben mit Designpreisen zwar klare Statements darüber ab, was sie unter gutem Design verstehen, der Gebraucher kann unter gutem Design etwas ganz anderes verstehen. Ähnlich wie bei Filmen oder Büchern, Modekollektionen oder Bauten bedingt eine gute Kritik nicht zwangläufig auch kommerziellen Erfolg.

Die Anforderungen an eine Brille sind weit höher als Unschärfen zu beseitigen. Die Sehhilfe prägt das Gesicht und nimmt damit Einfluss auf die gesamte Persönlichkeit.

VON BEWERTERN, BEWERTUNGEN UND BEWERTBARKEIT

Wie in Kapitel 2 beschrieben, erfüllt ein Produkt nicht nur technisch-praktische Funktionen, sondern beinhaltet auch ästhetische und symbolische Funktionen. Während die Bewertung von technisch-praktischen Funktionen relativ einfach, weil überprüfbar ist, lässt sich die Ästhetik eines Produktes nur eingeschränkt beurteilen, denn sie ist geschmacksabhängig. Geschmack wiederum ist das Ergebnis von Sozialisierung, er ist geschlechts-, nationalitäten- und milieuabhängig, und Bewerter sollten sich dessen bewusst sein. In der eingeschränkten Beurteilbarkeit von Ästhetik steckt ein Paradox, denn gerade die Ästhetik eines Produktes ist ja wesentliches Hauptunterscheidungsmerkmal zu anderen.

Noch schwieriger wäre eine Bewertung der symbolischen Funktionen. Auf sozialer Ebene geht es hier um Gruppenzugehörigkeit und um Status. Auf individueller Ebene um die Gefühlsbindung an Objekte. Design ist gewissermaßen eine von mehreren möglichen Sprachen, die über verschiedenste Lebensstile und -auffassungen Auskunft gegen können. Klare, sachliche Gestaltung etwa steht für Rationalität, Aufgeschlossenheit, Modernität und Fortschritt, kann aber auch als emotionale Kälte interpretiert werden. Produkte sind Zeichen eines Lebensgefühls, dem sein Besitzer Ausdruck verleiht. So gesehen kann der Einzelne eigentlich nur bewerten, ob er mit den zum Ausdruck gebrachten Botschaften des Besitzers, mit den Zeichen, einverstanden ist oder nicht.

Obwohl vieles dafür spricht, Design als im Prinzip unbewertbar zu sehen, versuchen Designinstitutionen mittels Designpreisen zu vermitteln, was gutes Design sein könnte. Dabei wird die The-

Unspektakuläres Design und gute Verarbeitung signalisieren, dass es sich um langlebige Produkte handelt.

matisierung und damit Bewertung emotionaler bzw. symbolischer Funktionen weitgehend ausgeklammert und so vermieden, mit moralischen Kategorien zu bewerten. Das war nicht immer so.

Der Schweizer Soziologe und Designkritiker Lucius Burckhardt etwa stellte 1977 normative Kriterien für ein neues Design zusammen [2]. Er fragte:

- Besteht es aus Rohstoffen, die ohne Unterdrückung gewonnen werden?
- Ist es in sinnvollen, unzerstückelten Arbeitsgängen hergestellt?
- Ist es vielfach verwendbar?
- Ist es langlebig?
- In welchem Zustand wirft man es fort, und was wird dann daraus?
- Lässt es den Benutzer von zentralen Versorgungen oder Services anhängig werden, oder kann es dezentralisiert gebraucht werden?
- Privilegiert es den Benutzer, oder regt es zur Gemeinsamkeit an?
- Ist es frei wählbar, oder zwingt es zu weiteren Käufen?

Für Lucius Burckhardt hat Gestaltung damit auch gesellschaftspolitische Forderungen zu erfüllen. Dieter Rams, einer der bekanntesten deutschen Produktdesigner und Jahrzehnte lang Chefgestalter der Braun AG, argumentiert 1990 in seinen "Zehn Regeln für gutes Design" weniger politisch als vielmehr ästhetisch [3]:

Die Verbesserung eines Produktes ist mit permanenten Forschungsanstrengungen verbunden.

Brillengläser aus Kunststoff. Mit dem automatischen Einfüllen des flüssigen Gießharzes beginnt ihr Fertigungsprozess.

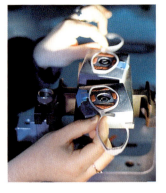

Fassungen beim Finish. Die farbliche Wirkung wird oftmals durch Lackierungen und Struktureffekte der Materialoberfläche erzeugt.

Gutes Design
- ist innovativ.
- trägt zur Nützlichkeit des Produktes bei.
- ist ästhetisches Design.
- macht ein Produkt leicht verständlich.
- ist unauffällig.
- ist ehrlich.
- ist langlebig.
- ist konsequent – bis ins letzte Detail.
- ist ökologisch.
- ist so wenig Design wie möglich.

Aus Dieter Rams' Worten geht hervor, dass gutes Design für ihn ästhetisch auf das nicht mehr Wegzulassende reduziert sein soll, eine Auffassung, die er mit Vielen teilt.

Doch ist gutes Design wirklich "so wenig Design wie möglich"? Was ist gegen eine üppige Anmutung zu sagen? Die Erziehungswissenschaftlerin Doris Schumacher-Chilla etwa beobachtete, dass heute Emotionalität, sensuelle und ikonische Werte die rationalen und funktionalistischen Normen abgelöst hätten [4].

In den Augenoptiker-Geschäften sind Produktpräsentationen und -informationen unverzichtbare Kommunikationsmittel, um Markenpräsenz zu zeigen und sich von anderen Herstellern zu unterscheiden.

VON EXTERNEN DESIGNWETTBEWERBEN UND INTERNEN DESIGNKRITERIEN

Soll gutes Design zuallererst die Lebensqualität verbessern? Kann ein Gartenzwerg gutes Design sein, weil er seinen Besitzer erfreut? Kann man soziale und politische Aspekte bei der Designbewertung ausklammern? Was ist mit Zigarettenverpackungen oder Waffendesign? "Für mich hat Design wirklich Erfolg, wenn es zu einem Gespräch zwischen zwei Menschen anregt. Meiner Meinung nach ist es auch möglich, Objekte dazu zu verwenden, uns zum gegenseitigen Verständnis zu ermutigen", bezieht der französische Designer Philippe Starck Stellung [5].

Seit den 90er Jahren sind zunehmend marketingrelevante Überlegungen in die Design-Bewertung von Produkten gerückt. Der Rat für Formgebung etwa nennt als Bewertungskriterien unter anderen auch "Differenzierungsqualität zu Konkurrenzprodukten" und "Marketingstrategie"[6]. Die Frankfurter Institution vergibt jährlich im Auftrag des Bundesministeriums für Wirtschaft und Technologie die höchste nationale Designauszeichnung, den Designpreis der Bundesrepublik Deutschland. Im Einzelnen werden die eingereichten Produkte in vier Kategorien aufgeteilt und hinterfragt:

Brillen werden von ihren zukünftigen Nutzern mit großer Sorgfalt ausgewählt, denn sie dienen nicht zuletzt der differenzierten Selbstinszenierung.

GESTALTUNGSQUALITÄT
Gibt es ein klares und eigenständiges Gestaltungskonzept und einen innovativen, ästhetisch und funktional überzeugenden Einsatz der gestalterischen Mittel?

GEBRAUCHSWERT
Ausgezeichnete Produkte müssen hohe Gebrauchstauglichkeit und einwandfreies Funktionieren aufweisen. Sie müssen sicher zu benutzen sein. Die Gebrauchsweise des Produktes muss klar visualisiert sein. Ästhetische und physische Lebensdauer stimmen überein.

TECHNISCHE QUALITÄTEN
Verwendung zeitgemäßer Medien, Materialien und Technologien, technische Prinzipien und Funktionen, Detail- und Verarbeitungsqualität.

GESAMTKONZEPT
Das Produkt soll sinnlich-geistig stimulierend sein und Erlebnisqualität bieten.
Es muss Differenzierungsqualität zu Konkurrenzprodukten haben und in eine Marketingstrategie eingebunden sein. Umfeldbezug und Preisniveau sollen stimmen.

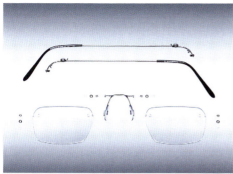

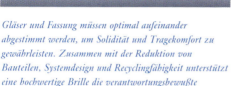

Zwei Funktionen, Scharnier und Glashalterung, sind in einem einzigen Bauteil vereint. Die mechanischen Teile können dadurch auf wenige Funktionselemente reduziert werden.

Entscheidend für angenehme Trageeigenschaften sind abgestimmte technische Eigenschaften und ergonomische Anpassbarkeit.

Gläser und Fassung müssen optimal aufeinander abgestimmt werden, um Solidität und Tragekomfort zu gewährleisten. Zusammen mit der Reduktion von Bauteilen, Systemdesign und Recyclingfähigkeit unterstützt eine hochwertige Brille die verantwortungsbewußte Ressourcennutzung.

Ein Unternehmen, das sich gutes Design im beschriebenen Sinne ausdrücklich zum Ziel gesetzt hat, ist der Brillenhersteller Rodenstock. Die Identität eines Unternehmens bzw. einer Marke wird zwar durch das gesamte Verhalten, maßgeblich jedoch durch seine Produkte beeinflusst. Deshalb muss die Designhaltung im Kontext zur Unternehmens- oder Markenidentität stehen. Um seine Designhaltung definieren zu können, hat Rodenstock daher zunächst ein Unternehmensprofil mit klaren Eigenschaften erstellt. Das international agierende Unternehmen sieht sich etwa als initiativ und vertrauenswürdig. Es will Werte mit langer Gültigkeit entwickeln. Rodenstocks Aktivitäten sollen plausibel strukturiert und verständlich sein.

Seine Produkte definiert Rodenstock als nützlich und sinnvoll, als relevant. Sie müssen einem hohen Qualitätsanspruch genügen, in Gestalt und Funktion [7].

Das Design schafft visuelle Analogien zur Werte-Skala der Unternehmensidentität (CI). Ausgangspunkt für die Gestaltung neuer Brillenfassungen sind also die auf das Rodenstock-Identitäts-Profil aufbauenden Design-Grundsätze, die sich in funktionale und ästhetische Kriterien aufteilen.

So sollen die Brillenfassungen Gebrauchsanforderungen möglichst optimal erfüllen. Rodenstock-Brillen werden so gestaltet, dass sie möglichst druckfrei, leicht und rutschfest sitzen. Durch den hohen Tragekomfort der Fassungen (Schlupfgefühl an den Schläfen, Sitz auf der Nase, Andruckstärke der Bügel, Nasenauflage, Bügel am Ohr und Oberflächen-Finish soll der Träger idealerweise vergessen, überhaupt eine Brille auf der Nase zu haben. Zuallererst soll sich der Bril-

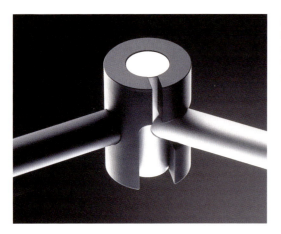

Das Zylinderscharnier ist eine Rodenstock-Innovation. Es funktioniert ohne die sonst üblichen Schrauben und Gewinde und ist daher wartungsfreundlich. Durch den Verzicht auf konventionelle mechanische Teile sind diese Scharniere extrem klein und kompakt.

lenträger mit der Brille wohlfühlen. Dazu gehört auch der Verzicht auf allergieauslösende Stoffe. Besonderen Wert legt Rodenstock auch auf innovative Lösungen. Das patentierte "Zylinder-Scharnier" etwa funktioniert durch ein ausgeklügeltes Feder-Nut-Prinzip ganz ohne die üblichen Schrauben und Gewinde. Dieses Scharnier ist dadurch wesentlich kleiner und kann selbst in filigrane Bügel harmonisch integriert werden.

Oder Rodenstocks technisch anspruchsvolle Gläserfixierung, die weitgehend unsichtbar erscheint, weil ihre Bestandteile, durch Nuten im Glas versenkt, "verschwinden": Die Bauteile sind an Halterungen befestigt, die seitlich in das Glas greifen, ohne dabei das Sichtfeld zu beeinträchtigen. Ein weiteres Designkriterium des Brillenherstellers sind kluge Ressourcennutzung und Nachhaltigkeit. Rodenstock will langlebige Produkte produzieren. Teiletypisierung wie etwa bei Bügeln, Schrauben, Nasenplättchen usw., dient dazu, mit einer überschaubaren Anzahl an Bauteilen viele Kombinationsmöglichkeiten zu erreichen.

Die übergreifende Klammer aller Design-Grundsätze bildet bei Rodenstock die Ästhetik. Für das mittelständische Unternehmen ist das Design einer Fassung dann "ästhetisch", wenn es "ehrlich, ausgewogen, zurückhaltend und sorgfältig" ist[8]. Unter diesen Prämissen sollen Designer für den Brillenhersteller ausgewogene Proportionen und lange gültiges Design statt kurzlebige Dernier-Cri-Brillen entwerfen. Das Fassungssortiment soll sich durch visuelle Gemeinsamkeit und inneren Zusammenhang auszeichnen, das heißt für Rodenstock Konstanz in den Grundformen und prägnante Details. Weil eine Brille das Gesicht prägt und damit Einfluss darauf nimmt, wie die ganze Person wahrgenommen wird, ist es Rodenstock wichtig, dass die Brille das Gesicht nicht dominiert.

 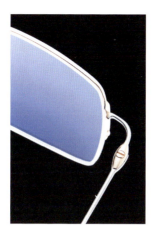

Brillenfassung Ti-lite:
Der obere Fassungsteil besteht aus dünnem
Edelstahldraht. Er läuft, wie der feine,
transparente Nylonfaden auf der unteren
Seite des Fassungsrandes, in der Nut.

Neue Produkte entstehen bei Rodenstock in enger Abstimmung mit den intern entwickelten Designgrundsätzen. Nicht zuletzt deshalb bekam das Unternehmen für seine Produkte etliche Designpreise, unter anderen 1999 den "JANUS Award" des Institut Français du Design und 1996 den "Bundespreis Produktdesign". Alle Designpreise dürfen jedoch nicht darüber hinweg täuschen, dass es immer noch wenige ausdrücklich designorientierte Unternehmen wie Rodenstock gibt.

Werden Produkte beurteilt, stehen gewöhnlich Faktoren wie Gestaltungsqualität, **FAZIT**
Gebrauchswert, Nachhaltigkeit und Gebrauchsvisualisierung im Vordergrund der
Bewertung, dies sind vor allem technisch-praktische Funktionen eines Produktes. Es besteht jedoch auch aus ästhetischen und symbolischen Funktionen, die objektiv kaum zu bewerten sind.

Seit den 90er Jahren sind zunehmend marketingrelevante Überlegungen in die professionelle Design-Bewertung von Produkten gerückt. Umgekehrt bemühen sich designorientierte Unternehmen um klare Designmaßstäbe, denn wie ein Unternehmen bzw. eine Marke am Markt wahrgenommen wird, hängt maßgeblich von seinen Produkten ab. Allerdings ist das Bemühen um gutes Design keine Erfolgsgarantie, hängt wirtschaftlicher Erfolg doch von einer Vielzahl von Faktoren ab.

Brillenfassung aus Titanium, einem sehr leichten und zugleich stabilen Material mit allergieunbedenklichen Eigenschaften und eigenständigem Designanspruch.

Quellen:

[1] Peter Zec: **Good Design.** Produktkultur und Lebensform. Essen 2000, S. 8

[2] Lucius Burckhardt: **Kriterien für ein neues Design.** In: Hans Höger für den Rat für Formgebung (Hg.): **Lucius Burckhardt. Design = unsichtbar.** Ostfildern 1995, S. 61

[3] Dieter Rams zitiert von Brigitte Wolf: **Design-Management – Glaubensbekenntnis erfolgreicher Unternehmen?** In: dies.(Hg.): **Design-Management in der Industrie.** Giessen 1994, S. 277f.

[4] Doris Schumacher-Chilla: **Die Welt der Gegenstände und die Ästhtische Erziehung.** In: Hermann Sturm (Hg.): **Design retour.** Essen 2000, S. 41

[5] Philippe Starck in: Peter Zec: s.o.,S. 105

[6] Rat für Formgebung: **Ausschreibung zum Designpreis der Bundesrepublik Deutschland.** Frankfurt am Main 2002

[7] Optische Werke G. Rodenstock (Hg.): **Rodenstock Brillenfassungen.** Grundlagen für das Produkt-Design. München 1997, S. 8f

[8] ebd.: S. 18

Weitere Literatur (Auswahl):

• Gerda Breuer: **Die Erfindung des Modernen Klassikers.** Avantgarde und ewige Aktualität. Ostfildern-Ruit 2001

• Peter Dormer: **Design since 1945.** London 1993

• KUNSTFORUM international, z.B. Band 99: **Design III: Deutsche Möbel.** Köln 1989

• Jordi Mañá: **Design.** Formgebung industrieller Produkte. Reinbek bei Hamburg 1978

• David Redhead: **Products of our Time.** Basel, Boston, Berlin; London 2000

• Optische Werke G. Rodenstock (Hg.): **Rodenstock. Grundsätze für die Kommunikation.** München 1996

• Optische Werke G. Rodenstock (Hg.): **Rodenstock. Innenansichten.** München 2001

10 UNTERRICHT
WIE DESIGN VERMITTELN?

Nachdem in den vorangegangenen Kapiteln unterschiedlichste Aspekte des Designs behandelt wurden, sollen zum Schluss Anregungen folgen, wie Design im Schulunterricht vermittelt werden kann.

Ein wesentliches Ziel des Designunterrichts sollte sein, unbewusste ästhetische Haltungen und kopiertes Konsumverhalten bewusst zu machen. Die eigenen Vorlieben und Abneigungen zu reflektieren, ist von besonderer Bedeutung, weil Geschmack ein nicht zu unterschätzendes soziales Unterscheidungsmerkmal darstellt und außerdem nationalitäten- bzw. kulturspezifisch ist (siehe Kapitel 2). Zum einen können sich die Schülerinnen und Schüler über die symbolische Funktion der Gegenstände klar werden, zum anderen gelangen sie zu der Erkenntnis, dass Geschmack nicht vom Himmel fällt, sondern erlernbar und sozial geprägt ist.

Darüber hinaus gilt es, schon in der Schule ein Bewusstsein zu schaffen, was Design ist und was es nicht ist, wie Produkte entstehen und wie sie zu bewerten sein könnten, damit verbreitete Vorurteile über die Gestaltung und die Designprofession zukünftig wenig Nährboden finden.

Für die Designvermittlung in der Schule gelten andere Prioritäten als im Arbeitsprozess beim Hersteller. Marketing, Technik und Vertrieb gehören zu den wesentlichen Faktoren, die Design bestimmen. Sie können jedoch im Unterricht nur simuliert werden. Je nach Vorlieben und Vorkenntnissen des Pädagogen steht die Vermittlung von designtheoretischem und designgeschichtlichem Wissen im Vordergrund, oder aber im Unterricht wird anhand einer konkreten Aufgabe ein Entwurfsprozess nachvollzogen. Ein Designer arbeitet aber nie allein an seinem Entwurf, sondern ist auf die Zusammenarbeit mit Fachleuten wie Technikern, Marketingspezialisten und Modellbauern angewiesen (siehe Kapitel 4). Auch muss er in der Praxis seinen Entwurf argumentativ verteidigen können, um ihn im Großen und Ganzen nach seinen Vorstellungen verwirklicht zu sehen. Auch dies gilt es im Schulunterricht zu vermitteln.

DO IT YOURSELF

Um eine realistische Vorstellung von Design entwickeln zu können, hält der Kunstpädagoge Johannes Euker neben der abstrakt-theoretischen Reflexion die praktische Auseinandersetzung für besonders wichtig. Das heißt, dass Schülerinnen und Schüler unter Anleitung des Lehrers selbst einmal in die Rolle des Designers schlüpfen sollten. Selbstredend muss der Pädagoge dies im Vorfeld ebenfalls getan haben. Euker schreibt dazu: "Diese praktische Tätigkeit ist Einübung in Selbstbestimmung, Erkenntnisgewinnung durch Tun, eine Übung im Gebrauch der Sinne und des Verstandes. Die ästhetische Zugriffsweise auf Probleme des Entwerfens, Herstellens, Benutzens von Dingen des täglichen Gebrauchs setzt an anderer Stelle an als Aufklärungsversuche. Diese kann sie zwar nicht ersetzen, wir müssen aber prüfen, welche Einsichten aus der praktischen Tätigkeit aufleuchten und welche nicht. Nicht zuletzt können in solchen Gestaltungsvorgängen die ästhetischen Haltungen Jugendlicher eine konkrete, auch diskutierbare Form gewinnen: Ihre Ambivalenz zwischen der Teilhabe bzw. Übernahme überlieferter Schönheitsvorstellungen einerseits und einer Ästhetik der Verweigerung andererseits, wird beim Herstellen eines Dings für den eigenen Gebrauch notwendigerweise bearbeitet".

Welche Designthemen sind nun für eine Aufgabenstellung im Schulunterricht geeignet? Bei der Wahl der Aufgabe müssen Lehrende die Gratwanderung unternehmen, dem Schüler einerseits Vorgaben geben zu müssen, diese aber auf der anderen Seite nicht zu eng zu fassen, um so die Fantasie der Schüler nicht von vornherein einzuengen. Der österreichische Kunstpädagoge Ernst W. Beranek schlägt vor, die Aufgabe so zu abstrahieren, dass Spielraum für die eigene Fantasie bleibt : "Die Vorgabe von Begriffen wie sitzen, liegen, stehen oder Licht und Schatten wird die Vorstellungsgabe oder die Ideenfindung nicht einschränken, und so werden überraschende Ergebnisse erzielt." Licht und Schatten etwa sei ein Spiel mit dem Licht. Die Schüler könnten Experimente mit Blenden vornehmen, aber auch konkrete Leuchten entwerfen oder Licht und Schatten im Bereich Fotografie und Videoaktion einsetzen. Somit bestehe nach Beranek ein großer Spielraum für die Fantasie und die Möglichkeit, sich von tradierter Formensprache zu lösen. Das Ziel dessen: Förderung unkonventioneller Ideen. Man würde so vermeiden, die Schülerentwürfe ständig mit bestehenden Produkten zu vergleichen.

ABSTRAKT BLEIBEN, KONKRET WERDEN

Für den Unterricht haben sich solche Aufgaben bewährt, die – ob produkt- oder problembezogen – überschaubar sind und von den Schülerinnen und Schülern auch zu Ende gebracht werden können. Weil Kinder und Jugendliche in der Regel hohe Ansprüche an das Finish ihrer Arbeiten und an die Funktionstüchtigkeit stellen, sollte daher bei der Wahl des Themas genügend Zeit für die Realisation eingeplant werden, damit es nicht zu demotivierenden Enttäuschungen kommt.

Als Entwurfsthemen eignen sich niederkomplexe, d.h. einfach konstruierte Gegenstände oder Teilbereiche eines komplexen Produktes. Letzteres könnte etwa das Armaturenbrett eines Autos oder der Eingangsbereich eines Wohnhauses sein.

Eine andere Aufgabe für den Unterricht wäre das Analysieren von bereits vorhandenen Designobjekten mittels des Gebrauchs. Vielleicht werden die Lernenden dabei feststellen, dass der Gegenstand nicht so funktioniert wie seine Produktsprache es suggeriert. Daran könnte sich eine Überarbeitung des untersuchten Produktes, das heißt sein Re-Design, anschließen .

Ein anderes Aufgabengebiet im Unterricht wäre das Entwickeln von Konzepten für einen bestimmten Gebrauchskomplex, beispielsweise anhand des Themas Telefonieren: Wie benutzen wir heute das Telefon, und wie könnte dies in einiger Zukunft aussehen? Oder: Was ließe sich beim Telefonieren im öffentlichen Bereich verbessern? Diese Überlegungen könnten in ein Konzept des Telefonierens münden, ohne dass zunächst ein konkretes Gerät entwickelt würde. Schließlich wäre noch das Entwerfen für bestimmte Zielgruppen zu nennen.

MANIFESTE UND ANDERE AUFGABEN

Aber auch eine theoretische Auseinandersetzung mit dem Thema Design bietet zahlreiche Ansatzpunkte für einen Erkenntnisgewinn, etwa durch die Beschäftigung mit historischen Manifesten oder Artikeln von Designern bzw. Architekten im Kontext ihrer Zeit. Genannt seien hier unter anderen Louis Sullivans Essay "Das große Bürogebäude..." (1896)[], Adolf Loos' Pamphlet "Ornament und Verbrechen" (1908)[], und das Gründungsmanifest des Bauhauses von Walter Gropius (1919)[].

Eine andere Möglichkeit sind Befragungen, die von den Schülern durchgeführt werden, etwa anhand von Abbildungen unterschiedlicher Designobjekte. Hier könnten von den Schülern zum einen Beruf, Einkommen und Bildungsstand abgefragt werden, zum anderen die unterschiedlichen Urteile der Befragten zum Design gesammelt werden. Anhand der Befragungsergebnisse wird sich, für Schüler womöglich überraschend zeigen, dass die Vorstellung darüber, was als "schön" und "hässlich" bewertet wird, von Alter, Geschlecht und sozialem Milieu abhängig ist.

Die Analyse von Gegenständen in ihrem spezifischen Umfeld kann die Schüler am konkreten Beispiel für Designzusammenhänge sensibilisieren (siehe Kapitel 6). Durch eigene Untersuchungen, etwa welche Produkte bei der Gestaltung von Hauseingängen zusammenspielen. Oder in welcher Weise auf einem öffentlichen Platz Straßenmöbel, Papierkörbe, Laternen, Beschilderungen etc. in Zusammenhang gebracht werden – oder, ob sie gerade nicht zusammenpassen. Ebenso wären Analysen verschiedener Arbeitsplätze (Homeoffice, Verwaltungen, Freiberufler, mobile Arbeitsplätze usw.) denkbar.

Nicht nur von Schülern durchgeführte Untersuchungen können Erkenntnisgewinn bringen, sondern natürlich auch Fragen und Aufgaben an die Schüler. Sie zwingen sie, sich intensiv mit dem Thema Design auseinanderzusetzen. Bewährt haben sich Fragen wie:
Was verstehen Sie unter Design? Finden Sie Beispiele, wo Design die Umwelt verbessert / verschlechtert.

Stellen Sie sich vor, Sie müssten einen Designpreis vergeben. Für welches Produkt würden Sie sich entscheiden? Begründen Sie Ihre Wahl mit mindestens fünf Argumenten. Machen Sie es genauso im negativen Sinne: Vergeben Sie den Anti-Designpreis.

Zu denken wäre natürlich auch an den Besuch einer Designsammlung, um Objekte aus verschiedenen Epochen vergleichen zu können. Es gibt eigentlich keine Großstadt, in der nicht in irgendeiner Form ein Kunst- oder Kunstgewerbemuseum vorhanden ist. Über den Rat für Formgebung in Frankfurt am Main können laufende Ausstellungen abgefragt werden.

Manche Unternehmen und Designer geben bereitwillig über Produktionsprozesse und Design Auskunft oder führen durch ihren Betrieb. Entsprechende Adressen finden sich in Designzeitschriften.

Schließlich wären Rollenspiele denkbar, in denen Schüler und Schülerinnen etwa die Positionen von (frustrierten) Gebrauchern, (jubelnden) Käufern, (demotivierten) Designern (strategisch denkenden) Unternehmern oder (begeisterten) Sammlern einnehmen.

FAZIT

Designvermittlung kann sowohl auf der Ebene theoretisch-abstrakter Reflexion als auch mittels praktisch-konkreter Entwurfsarbeit erfolgen.
Ideal wäre die Kombination beider didaktischer Herangehensweisen. Ziel des Designunterrichts ist dabei, erstens eingeübte und unbewusste ästhetische Haltungen und Konsumverhalten bewusst zu machen, zweitens Urteilsvermögen bei der Bewertung von Produkten zu schulen und drittens ein Verständnis für die prozesshafte historische und praktische Entwicklung von Design zu vermitteln.

Quellen:

[1] Johannes Euker in: Rat für Formgebung. **Design im Unterricht.** Frankfurt / Main 1991, S. 14

[2] Ernst Beranek: Österreichischer Kulturservice. Wien 1993, S. 25

[3] Marion Godau: **Konsequenzen für den Schulunterricht.** In: Marion Godau, Peter Gnielzcyk (Hg.): Designfortbildung für Lehrer. Die Gestaltung von Gebrauchsgütern im Unterricht. Berlin 1996, S. 54ff

[4] Louis H. Sullivan: **Das große Bürogebäude, künstlerisch betrachtet.** In: Volker Fischer, Anne Hamilton (Hg.): Theorien der Gestaltung. Grundlagentexte zum Design, Band 1, S. 142ff.

[5] Adolf Loos: **Ornament und Verbrechen.** In: Ulrich Conrads: Programme und Manifeste zur Architektur des 20. Jahrhunderts. Braunschweig 1981, 2. Aufl., S. 15ff.

[6] Walter Gropius: **Manifest und Programm des Staatlichen Bauhauses Weimar.** In: Ulrich Conrads: Programme und Manifeste zur Architektur des 20. Jahrhunderts. Braunschweig 1981, 2. Aufl., S. 47ff.

Weitere Literatur:

Bernhard E. Bürdek: **Design. Geschichte, Theorie und Praxis der Produktgestaltung.** Köln 1991

Peter Dormer: **Design since 1945.** London 1993

Adrian Forty: **Objects of Desire. Design and Society since 1750.** London 1986

Thomas Hauffe: **Dumont-Schnellkurs Design.** Köln 1995

Gert Selle: **Geschichte des Design in Deutschland.** Frankfurt / Main, New York 1994

Zeitschriften:

Arbeit + Technik. Pädagogische Zeitschrift. Erhard Friedrich Verlag, Seetze / Velber, z.B. Heft 11/2001

designreport. Blue C. Verlag, Stuttgart

form. Zeitschrift für Gestaltung. Birkhäuser Verlag, Neu-Isenburg.

Kunst + Unterricht. Zeitschrift für Kunstpädagogik. Erhard Friedrich Verlag, Seetze / Velber

Websites:

www.designreport.de

www.form.de

www.german-design-council.de (Ein Newsletter kann abonniert werden.)

ABBILDUNGSNACHWEIS

Archivio Storico Olivetti - Ivrea (Italien): S. 20 links
Bauhaus Archiv, Berlin: S. 58 (oben re.: Gunter Leprowski, unten re.: Fotostudio Bratsch)
Bauhaus-Museum, Weimar: S. 58 (links: Roland Dreßler)
Bildarchiv Preußischer Kulturbesitz, Berlin: S. 33, 35, 36 links oben, links unten
Bulthaup GmbH & Co KG, Aich: S. 39, 40, 41, 42
Chicago Architectural Photographing Company, Chicago (USA): S. 10 (Henry Fuermann)
ClassiCon GmbH, München: S. 94 links
Cor Sitzmöbel, Helmut Lübke GmbH & Co., Rheda-Wiedenbrück: S. 44, 45, 46, 47, 48, 50, 51 links, 52, 53 links, 54
Erco Leuchten GmbH, Lüdenscheid: S. 28 rechts, 74, 75, 76, 77, 78, 79, 80, 81, 82, 83, 84
Ford-Werke AG, Köln: S. 56, 57
FSB, Franz Schneider Brakel GmbH + Co, Brakel: S. 8, 9, 11, 12, 13, 14, 15, 16, 17, 18
Gira, Giersiepen GmbH & Co. KG, Radevormwald: S. 60, 61, 62, 63, 64
Marion Godau, Kleinmachnow: S. 34 rechts
C. Josef Lamy GmbH, Heidelberg: S. 21, 22, 24, 25, 27, 28 links, 29, 30
Mabeg Kreuschner GmbH & Co. KG., Soest: S. 86, 87, 88, 89, 90, 91, 92
Martini, Meyer, Berlin: S. 71
Institut für Stadtgeschichte, Frankfurt / Main: S. 36 (Grafik: Franziska Scherer, Manfred Schulz), 38 links
Optische Werke G. Rodenstock, München: S. 94 rechts, 95, 96, 97, 98, 99, 100, 101, 102
Rheinisches Bildarchiv Köln: S. 20 rechts
Smart GmbH, Böblingen: S. 26
seefood productions, Berlin: S. 7, 19, 23, 31, 34 links, 37, 43, 55, 65, 68 rechts, 73, 85, 93
Studio Vertijet, Halle / Saale: S. 49, 51 rechts, 53 rechts
Tecnolumen GmbH & Co.KG, Bremen: S. 38 rechts
Ulmer Museum / HfG-Archiv, Ulm: S. 59
Wilkhahn, Wilkening + Hahne GmbH+Co, Bad Münder: S. 66, 67, 68 links, 69, 70, 72

Herausgeber und Autorin haben sich bemüht, alle Urheberrechtsinhaber zu ermitteln und aufzuführen. Wo dies nicht der Fall ist, liegen die Rechte beim jeweiligen Designer, oder es ist uns nicht gelungen, die Autoren zu kontaktieren. In diesem Fall bitten wir die Urheber, sich mit dem Verlag in Verbindung zu setzen.

LITERATUR

- W. Abelshauser, A. Faust, D. Petzina: **Deutsche Sozialgeschichte 1914-1945.** München 1985
- Otl Aicher: **Die Welt als Entwurf.** Berlin 1991
- Otl Aicher: **Die Küche zum Kochen. Das Ende einer Architekturdoktrin.** 5. Aufl. Berlin 1994
- Volker Albus, Reyer Kras, Jonathan M. Woodham (Hg.): **Design! Das 20. Jahrhundert.** München, London, New York. o.J.
- Michael Andritzky u.a.: **Oikos. Von der Feuerstelle zur Mikrowelle.** Gießen 1992
- Bauhaus-Archiv Museum für Gestaltung (Hg.): **Experiment Bauhaus.** Berlin 1988
- Bauhaus-Archiv Museum für Gestaltung (Hg.), Magdalena Droste: **Bauhaus 1919-1933.** Köln 1990
- Bauhaus-Universität Weimar, Fakultät Gestaltung (Hg.): **Visuelle Sprache.** Jahrbuch der Fakultät Gestaltung. Weimar 2001
- Pierre Bourdieu: **Die feinen Unterschiede.** Frankfurt am Main 1987
- Gerda Breuer: **Die Erfindung des Modernen Klassikers. Avantgarde und ewige Aktualität.** Ostfildern-Ruit 2001
- Alex Buck, Mattthias Vogt (Hg.): **Peter Maly.** Frankfurt am Main 1998
- Bernhard E. Bürdek: **Design: Geschichte Theorie und Praxis der Produktgestaltung.** Köln 1991
- Mel Byars: **Design Encyclopedia. 1880 to the present.** München 1994
- Ulrich Conrads: **Programme und Manifeste zur Architektur des 20. Jahrhunderts.** Braunschweig 1981, 2. Aufl.
- Terence Conran: **Design.** Köln 1997
- Peter Dormer: **Design since 1945.** London 1993
- ERCO Leuchten (Hg.): **ERCO Lichtfabrik.** Berlin 1990
- Peter Erni, Martin Huwiler, Christophe Marchand: **Transfer, erkennen und bewirken.** Baden 1999
- Jeannine Fiedler, Peter Feierabend (Hg.): **Bauhaus.** Köln 1999
- Charlotte & Peter Fiell: **Design des 20. Jahrhunderts.** Köln 2000
- Volker Fischer, Anne Hamilton (Hg.): **Theorien der Gestaltung.** Grundlagentexte zum Design, Band 1. Franfurt am Main 1999
- Adrian Forty: **Objects of Desire. Design and Society since 1750.** New York 1992
- FSB – Franz Schneider Brakel (Hg.): **Visuelle Kommunikation. Bausteine, Realisationen.** Köln 1995
- FSB – Franz Schneider Brakel (Hg.): **Greifen und Griffe.** 2. Aufl. Köln 1995
- FSB – Franz Schneider Brakel (Hg.): **Türdrücker der Moderne.** Köln 1991
- FSB, GIRA, KEUCO, SSS Siedle (Hg.): **Berührungspunkte.** Dortmund 2000
- Marion Godau, Peter Gnielzyk (Hg.): **Designfortbildung für Lehrer.** Die Gestaltung von Gebrauchsgütern im Unterricht. Berlin 1996
- Marion Godau, Bernd Polster: **Designlexikon Deutschland.** Köln 2000
- Raymond Guidot: **Design.** Stuttgart 1994
- Thomas Hauffe: **Dumont-Schnellkurs Design.** Köln 1995
- Heinz Hirdina (Hg.): **Das neue Frankfurt, die neue Stadt.** Dresden 1984
- Hans Höger für den Rat für Formgebung (Hg.): **Lucius Burckhardt. Design = unsichtbar.** Ostfildern 1995
- Internationales Design Zentrum Berlin (Hg.): **Design als Postulat am Beispiel Italien.** Berlin 1973
- Gerd Kähler (Hg.): **Geschichte des Wohnens 1918-1945.** Stuttgart 1996

- Herbert Lindinger (Hg.): **ulm... Die Moral der Gegenstände.** Berlin 1991, 2. Aufl.
- Bernd Löbach: **Produktgestaltung.** Stuttgart 1981
- Jordi Mañá: **Design. Formgebung industrieller Produkte.** Reinbek bei Hamburg 1978
- **Messedesign Jahrbuch 2002 / 2003.** Ludwigsburg 2003
- Cordula Meyer: **Designtheorie. Beiträge zu einer Disziplin.** Frankfurt am Main 2003
- Per Mollerup: **Collapsibles. Ein Album platzsparender Objekte.** Design – Mechanismen – Funktionalität. München 2001
- Monte von DuMont (Hg.): **Auf einen Blick: Design:** Von der industriellen Revolution bis zum 21. Jahrhundert. Köln 2001
- Rat für Formgebung (Hg.): **Design im Schulunterricht.** Materialien zu einem kaum erschlossenen Unterrichts-Thema. Frankfurt am Main 1991
- David Redhead: **Products of our Time.** Basel, Boston, Berlin; London 2000
- Gerhard A. Ritter, Jürgen Kocka (Hg.): **Deutsche Sozialgeschichte 1870-1914.** 3. Aufl. München 1982
- Wolfgang Schepers, Peter Schmitt (Hg.): **Das Jahrhundert des Designs.** Geschichte und Zukunft der Dinge. Frankfurt am Main 2000
- Rudolf Schwarz (Hg.): **Mehr als Möbel.** Wilkhahn ein Unternehmen in seiner Zeit. Frankfurt am Main 2000
- Eva von Seckendorff: **Die Hochschule für Gestaltung in Ulm.** Gründung (1949-1953) und Ära Max Bill (1953-1957). Marburg 1989, S.44
- Gert Selle: **Geschichte des Design in Deutschland.** Frankfurt am Main, New York 1994
- Christine Sievers, Nicolaus Schröder: **50 Klassiker Design des 20. Jahrhunderts.** Hildesheim 2001
- Penny Sparke: **Design im 20. Jahrhundert.** Die Eroberung des Alltags durch die Kunst. Stuttgart 1999
- Heinrich Spies: **Integriertes Designmanagement.** Köln 1993
- Philippe Starck, Ed Mae Cooper, Pierre Doze, Sophie Anargyros: **Starck.** Köln, London, Madrid, New York, Paris, Tokio 2000
- Dagmar Steffen, Bernhard E. Bürdek, Volker Fischer: **Design als Produktsprache.** Basel, New York 2000
- Hermann Sturm (Hg.): **Geste & Gewissen im Design.** Köln 1998
- Emilia Terragni (Hg.): **Spoon.** London, New York 2002 (Anm.: Zeitgenössisches Produktdesign)
- Klaus Weber (Hg.) für das Bauhaus-Archiv: **Keramik und Bauhaus.** Berlin 1989
- Brigitte Wolf (Hg.): **Designmanagement in der Industrie.** Gießen 1994
- Peter Zec: Good Design. **Produktkultur und Lebensform.** Essen 2000
- Peter Zec: **Orientierung im Raum.** Eine Untersuchung zur Gestaltung von Orientierungs- und Leitsystemen. Essen 2002

Zeitschriften:
- **Arbeit + Technik.** Pädagogische Zeitschrift. Erhard Friedrich Verlag, Seetze / Velber, z.B. Heft 11/2001
- **designreport.** Blue C. Verlag, Stuttgart
- **form.** Zeitschrift für Gestaltung. Birkhäuser Verlag, Neu-Isenburg.
- **Kunst + Unterricht.** Zeitschrift für Kunstpädagogik. Erhard Friedrich Verlag, Seetze / Velber
- **KUNSTFORUM international.** Die aktuelle Zeitschrift für alle Bereiche der Bildenden Kunst. Köln

DESIGNFREUNDE & CO

BULTHAUP GmbH & Co KG
D-84153 Aich

Tel.   +49 (0)8741 80 0
Fax. +49 (0)8741 80 309
e-mail: info@bulthaup.de
http://www.bulthaup.com

COR Sitzmöbel
Helmut Lübke GmbH & Co.
Postfach 12 29
D-33372 Rheda-Wiedenbrück

Tel.   +49 (0)5242 4102 0
Fax. +49 (0)5242 4102 134
e-mail: info@cor.de
http://www.cor.de

ERCO Leuchten GmbH
Brockhauser Weg 80-82
D-58507 Lüdenscheid

Tel.   +49 (0)2351 551 0
Fax. +49 (0)2351 551 300
e-mail: info@erco.com
http://www.erco.com

FSB
Franz Schneider Brakel GmbH + Co
und Jürgen Werner Braun
(Mitglied des Beirats)
Nieheimer Straße 38
D-33034 Brakel

Tel.   +49 (0)5272 608 0
Fax   +49 (0)5272 608 312
e-mail: info@fsb.de
http://www.fsb.de

GIRA
Giersiepen GmbH & Co. KG
Postfach 12 20
D-42461 Radevormwald

Tel.   +49 (0)2195 602 0
Fax. +49 (0)2195 602 339
e-Mail: info@gira.de
http://www.gira.com

LAMY
C. Josef Lamy GmbH
Grenzhöfer Weg 32
D-69123 Heidelberg

Tel.   +49 (0)6221 843 0
Fax. +49 (0)6221 843 132
e-mail: info@lamy.de
http://www.lamy.com

MABEG
Kreuschner GmbH & Co. KG
Ferdinand-Gabriel-Weg 10
D-59494 Soest

Tel.   +49 (0)2921 7806 0
Fax. +49 (0)2921 7806 184
e-mail: info@mabeg.de
http://www.mabeg.com

RODENSTOCK GmbH
Isartalstraße 43
D-80469 München

Tel.   +49 (0)89 7202 0
Fax. +49 (0)89 7202 629
e-mail: info@rodenstock.com
http://www.rodenstock.com

WILKHAHN
Wilkening + Hahne GmbH + Co
Fritz-Hahne-Straße 8
D-31848 Bad Münder

Tel.   +49 (0)5042 999 0
Fax. +49 (0)5042 999 226
e-mail: info@wilkhahn.de
http://www.wilkhahn.com